細味香江系列

游子安 張瑞威 主編

昂船光影

從石匠島到軍事重地

劉潤和
周家建　著
高添強

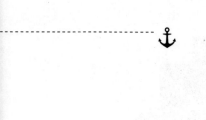

出版緣起

「細味香江系列」的構思，可以從梁濤先生（筆名魯金、魯言）主編的「古今香港系列」說起。此系列從 1988 年《九龍城寨史話》到 1995 年《香港東區街道故事》的出版，凡 14 本，不僅受讀者歡迎，還開啟了不少人對閱讀本地史的興趣。二十年過去，其間雖然不乏香港研究或掌故著述，但總是教人覺得欠缺既有主題又有系統地結集的系列或叢書。因此，我們組織了是項選題。

「細味香江系列」，分為社會、文化、宗教和教育等類別，題材包括村落歷史、傳統建築、嶺南文化、族群生活、珠寶業與香港社會、旅行與閒暇生活、道教與民間宗教、鄉村學校與香港教育等。學術性與生活化兼具，着重帶出本地史之趣味，故名「細味香江」。每本字數 8 至 10 萬，作者儘量多附圖片或地圖，以期圖文並茂，用生動活潑的文風吸引開卷並引領讀者思考。期望此系列適合中學教師、學生及

一般文史愛好者閱讀，可作為香港史與人文學科的教材，以及通識教育的課外讀物。

「細味香江系列」，也與編者於華南研究會的經歷分不開。我們相繼擔任華南研究會會長八年，眼見香港社會經濟高速發展，不少歷史古蹟和文化現象還來不及細味、探究，景物已漸行漸遠，風微人往，不易捕捉。幸好一批對香港社會和文化傳承長期傾注的學者，多年搜集資料，或已進行研究計劃，成果漸豐，只是尚未遇上出版機緣。近年與教育界、文博界、旅行界多方友好接觸，發願組織具有意義的課題，對本地史盡一點綿薄之力。出版計劃提上日程的是《問俗觀風：香港及華南歷史與文化》之刊行，此書是華南研究會創會二十週年的著作，2009年出版後，承其餘緒再組織選題，翌年春夏之際擬定出版計劃，最初是聯繫相關社會、文化團體資助出版，然而「好事多磨」，歷經一年半延宕仍未有着落。直至2012年初，才由香港三聯書店落實出版，如今真有「輕舟已過萬重山」之感。

此系列得以出版，我們特別感謝香港中文大學文學院院長暨歷史系講座教授梁元生先生，慨允撰寫〈總序〉，序言帶來點睛之效，更讓全書生色不少。我們尤為銘感諸位著者，平日忙於教學或其他工作，為配合出版，都依時完成書稿，使計劃得以順利開展。此系列籌劃過程中，鍾潔雄女士提出寶貴意見與襄助；梁偉基兄付出莫大心思和努力；編輯作了認真的審閱，提出具建設性的修改意見，在此一併致謝。

此系列付梓在即，編者藉此對梁濤先生以及本地史前輩學者的貢獻，致以深摯的敬意。需表明的是，已計劃出版的題材只起發端作用，期望此系列可以編撰下去，使本地史、「香港學」能夠蔚然成風，進而雅俗細味共賞。

游子安　張瑞威
2013 年 1 月

總序

一般香港歷史書籍喜歡從下列幾個角度出發探究香港歷史：

第一，年代學的角度 —— 即是從古時到現代的分段闡述香港歷史，由早期的人煙罕至的漁港，到珠江口外的商船暫泊的外島，到被英國佔領及開發的殖民地，到發展成為亞洲商城和國際都會的過程。

第二，殖民地的角度 —— 從香港作為英國殖民地說起，其發展與英國殖民地政策及英人統治息息相關，包括政治、商業、社會、經濟、教育各方面，無不與殖民地體制和官員有着緊密的關聯。

第三，中國主體的角度 —— 強調中國本位和華人本位，香港歷史需要背靠祖國，主要由華人締造，而非全靠英國人的功勞。例如來自中國大陸的移民在香港起着開墾、奮鬥的作用，替香港經濟轉型和社會發展作出了極大的貢獻；又例

如大陸出產的糧食和東江水，都是香港人賴以生存的必需資源；而國家的政局也左右着香港的社會穩定和經濟興衰。

「細味香江系列」所代表的，可以說是一個本土歷史的角度。系列的主編和多位作者，都是在本地從事歷史工作的專家學者，而且多年來一直從事香港史的研究。其中幾位資深學者如丁新豹對早期香港華人社會的分析、蕭國健對新界鄉村傳統的著述，都已廣為人知；其餘學者亦多科班出身，對中國和香港的近代歷史素有鑽研，在不同的方面為香港史努力作出貢獻。「細味香江系列」就包括香港城鄉的發展、香港的傳統及現代教育、各個不同的宗教、日治時期的生活，以及旅行、珠寶等專題，和調景嶺、昂船洲等歷史個案。

過往的香港史，多出於業餘史家之筆，以茶餘飯後之掌故為題材者居多。今得諸位學院同仁齊心協力，貢獻專長，為建設本地歷史而努力，實在是可喜可賀的大事。「系列」行將付梓，予有幸得先睹為快，並綴數語，樂為之序。

梁元生
香港中文大學文學院院長
暨歷史系講座教授
2013 年 1 月

目錄

導言

香港約有兩百六十個大小不同的島嶼，有些已經發展完善，如香港島、大嶼山、鴨脷洲、青衣島、長洲等；有些島嶼仍處於杳無人煙的狀態；有些島嶼因應社區發展而經填海與陸地相連，成為了鄰近土地的一部分；有些島嶼孤懸港外，卻扮演着重要的角色。

島嶼歷史研究在香港只處於萌芽階段，相關研究與研究者漸見於學術研討會及已出版書刊。現階段的島嶼歷史研究，仍主要着眼於個別村落的形成、族群的繁衍，以及它與香港經濟發展的關係。以香港島為例，因應島嶼版圖不斷變化，研究範圍亦隨之而走向專題模式。離島方面，研究多着眼於島上族群的人文風俗、日佔時期的苦難歲月等，例如夏其龍神父的《天主作客鹽田仔：香港西貢鹽田仔百年史蹟》、陳達明的《大嶼山抗日游擊隊》、William Meacham 的 *Sham Wan, Lamma Island: An Archaeological Site Study* 等著作。

島嶼的生態是隨着大自然發展而來的，島嶼生物地

理學（Island Biogeography）指出，大部分生物在海洋中遷徙靠的是強風吹送或者植物殘骸搭載，而隨機抵達島嶼。植物在島嶼之間的擴散則遠較動物容易。理論上，靠近生物種數豐富的大陸地區的島嶼，其生物種數也會較為豐富，而這個島嶼又會成為下一個更深入海中的島嶼的生物來源地，而生物種數也會逐漸遞減。

人為的活動卻可以改變島嶼的命運和發展。古今中外，一些與主群體聚居相鄰的外島，往往會給予一些輔助主要地區的功能和責任，例如導航、疫症隔離、囚禁重犯等。

國際上知名的島嶼，因應其地貌、地質，以及人為因素，而成為人們關注的焦點。位於法屬圭亞那外海的魔鬼島（Île du Diable），距離鄰近的大陸約十一公里，整體面積三十四點六公頃。由於它的位置遠離大陸，聯外交通不易，所以自 1852 年起，宗主國法國在該島興建監獄囚禁被流放的重犯。從島嶼研究角度而言，該島嶼的地理環境（Geographical Setting）形成了一道「隱形的圍牆」，將犯人與世隔絕，而位處赤道的氣候炎熱潮濕，更令被囚的人士苦不堪言。魔鬼島監獄於 1952 年關閉，一百年間，約有八萬多名犯人死於該島，寫下了魔鬼島悲痛的一章。

島嶼發展，亦常因其物產或資源豐富而被開發。位於大嶼山以北的大磨刀洲，曾出產石墨，年產量達三千公噸至三千五百公噸，主要是銷售到美國。由於石墨礦開採至海平面下九十米，在成本高漲而利潤下跌的情況下，於 1973 年停產。

海外島嶼，因資源豐富而被開發的著名例子，位在日本長崎縣長崎市外海的端島（俗稱「軍艦島」）是箇中的佼佼者。端島在 19 世紀被發現蘊藏豐富的煤炭，因應工業發展的需求，在明治時代初期由鍋島氏經營該島採煤的業務。1890 年，改由三菱財閥所擁有。端島於高峰時期曾年產四十一萬噸煤炭。

基於端島距離長崎港達十八公里，三菱財閥將端島建立成為一個獨特社區，礦坑深入海平面下，島嶼經多次填海擴建成一個能容納五千多人的城市。島上建有由鋼筋混凝土建成的住宅群，公共設施包括學校、店舖、醫院、神社、電影院、理髮店等。端島神社在每年 4 月 3 日更會舉行「山神祭」。1960 年代，石油逐漸取代煤炭成為主要工業化能源，端島煤礦於 1974 年 1 月 15 日關閉，島民於同年 4 月 20 日離開，該島自此荒廢。[1] 2015 年，端島被列入「明治工業革命遺蹟：鋼鐵、造船和煤礦」名單內，而被評定為世界文化遺產。

孤懸港外的島嶼，亦常被政府利用為保護主流社會的用途，包括地區安全和防疫。位於大嶼山西南面的大鴉洲，便曾於 1989 年建立了一座越南船民羈留中心，用以收容約五千名越南船民。隨着大鴉洲羈留中心於 1996 年 9 月關閉，該島嶼歷史進入另一章。

研究一個島嶼的變遷，既可觀察人類的行為，亦能夠觀察地區的發展，以至國際關係的變化。

位處維多利亞港內的昂船洲，曾是港內寥寥可數的島嶼之一，市民知其所在，但其用途卻令它披上神秘面紗。有別於其他島嶼，昂船洲的發展有所不同，它原是

深水埗客家石匠採石之地。

　　早在香港開埠初期，英國人已窺視着昂船洲，但是着眼點卻是為了解決這個新殖民地的民生問題。馬冠堯在《香港工程考 II：三十一條以工程師命名的街道》中，提及了譚馬士‧歌連臣（Thomas Bernard Collinson, 1821－1902）於 1843 年秋季抵港測量香港島時，已察覺到香港的衛生環境惡劣，但昂船洲和九龍卻空氣清新，所以英國應該佔據該地。[2] 1860 年，《北京條約》簽署後清政府將昂船洲與九龍半島一併割讓予英國。自此，昂船洲的命運亦因此而改變了，成為鎮守着維多利亞港西部入口的軍事重地。由於濃厚的軍事色彩，令昂船洲披上了一層神秘面紗。

　　昂船洲經歷了不同時期的變遷，與九龍半島連成一起前，它是軍事要塞，島上建有炮台、軍營以及監獄，亦曾是英軍在東亞地區主要的情報監聽中心。英軍軍情系統轄下的遠東聯合局曾在島上設置截聽儀器，用以窺探潛在着的敵國活動，包括二戰前日本軍隊在鄰近地區的一舉一動。截聽工作一直維持至第二次世界大戰爆發才中斷。[3]

　　島上的居民，雖然只是過客，但是他們的暫居卻造就了一個獨特的社群。互聯網的興起，促進了社群的緊密聯繫。一個名為 Stonecutters Island 的論壇（forum），使這群曾是島上的過客，進行了另類的尋根。他們有着共同的經歷，有些是一同在 Royal Naval Transmitting Station 共事的同僚，有些則是軍人家眷，在小島上成長。一些名字，如 Quarry House、East Pier Cottages、

Wuthering Heights、East View Bungalows 等，正是他們在異地的集體回憶。

對香港人而言，知悉昂船洲的存在，但卻感到陌生。日常只能遠眺，入內亦只能窺見有限的面貌。過客的記憶與工作掛鈎，卻無阻他們產生感情。昂船洲不應只看作香港政府統治下的客體，亦應將其作為一個主體作研究。昔日的炮台，以至現今的港池、改善水質的要塞，皆與香港人的日常生活息息相關。

本書透過圖片和歷史檔案研究昂船洲，藉着其獨特的空間特性與發展，描繪出與其發展有關的人和事，並反思在政治、經濟和國際形勢變化的情況下，昂船洲應如何被看待與思考。

註釋

1 後藤惠之輔、森俊雄、坂本道 、小島隆行：〈端島（軍艦島）における聞き取り調 及び現地調 〉，《長崎大学工学部研究報告》，2005 年 35 期，頁 57－58。

2 馬冠堯：《香港工程考 II：三十一條以工程師命名的街道》（香港：三聯書店，2014），頁 36－37。

3 Information Clearing House UK INTELLIGENCE AND SECURITY REPORT AUGUST 2003 http://www.informationclearinghouse.info/article4463.htm (17 March 2014).

《北京條約》簽訂前的石匠島

歷史上，昂船洲不算是一座無名小島。明代郭棐於萬曆二十三年（1595）完稿的《粵大記》，書末附有《廣東沿海圖》，該圖的香港部分離急水門不遠處，便清楚標明「仰船洲」一地。其後出現的廣東沿海圖，大都可見「仰船洲」一名，包括雍正年間的《海國聞見錄·沿海全圖》（陳倫炯編繪）、嘉慶年間的《新安縣志·海防圖》（舒懋官、王崇熙編纂）等。關於該島為何稱為「仰船洲」，嘉慶《新安縣志》卷四〈山水略〉記載「仰船洲山在城東南面，形如仰船」[1]，不過亦有專家說島形似「仰船」雖不算錯，卻有點望文生義，並進一步指出「仰船」是昔日漁民維修船舶時把船底反轉之故，這個工序漁民稱為「昂船」[2]，這或許解釋了「昂船洲」名稱的來源。

　　事實上，昂船洲西南面的海灘廣闊，沙質亦佳，因而不時吸引漁船在岸邊停泊，修補船艇及網罟，把維修船艇的「昂船」工序命名之說也有一定的可信性。

英佔前的九龍西部

　　以地理環境來說，九龍西部特別是深水埗至長沙灣一帶，整體和中部不同，後者（特別是九龍城一帶）地勢相對平坦，川流交錯，土地肥沃，故自宋元以來一些氏族相繼在當地定居。惟西部因平地不多，不利大規模開發農地，故農業難以成為主要經濟收入，這說明了一些自宋代以來已在今天新界定居的大族為何沒有在九龍西部定居、繁衍生息的原因。

　　然而，這並不表示歷史上九龍西部杳無人煙。清代遷界（1662－1668）後，錦田及龍躍頭的鄧族曾重申他們擁有當地的「地骨」權，顯示在遷界前九龍西部很可能已有一些聚落，並向上述的鄧族繳納地租，致使鄧族在遷界後重新提出擁有地權以延續過往的收入。不過，對於遷界前的當地村落的發展、鄉民的生活情況，以及他們來自何處，如何在九龍西部定居等問題，今天尚未能找到有關的文獻記錄以資說明。

　　根據今天可考的資料，自清初遷海後至英人佔領九龍的兩百多年間，定居九龍西部一帶的陸上居民大都以客籍為主。大概從 17 世紀後期起，這些客籍人士先後遷入深水埗至長沙灣一帶，並建立了李屋、鄭屋、黃屋、白薯莨、元州、馬龍坑、九龍塘（約位於今天大坑東球場）及塘尾等大小村落。

　　較例外的是於今天蘇屋一帶定居、屬本地的蘇氏家族。根據蘇氏族譜記載，早自乾隆四年（1739），其先祖（時年四十九歲）從新安縣城所在的南頭遷至此地，在此之前該族曾居於東莞，卻因故被迫遷離。值得注意的是，蘇氏族譜把今天長沙灣一帶的土地稱為「茅田」，說明除耕地不多外，當時長沙灣附近的農田相當貧瘠。[3]

　　另一方面，填海前的深水埗原有一座與大角咀岬角相連的小山，名西角山，山下為小海灣，灣後至荔枝角為一道長長的沙灘（長沙灣亦因而為名），故整體上海濱環境相對優越，因此亦吸引了鶴佬及蛋戶這兩個瀕海而居的族群在深水埗至長沙灣一帶棲息、生活。與蛋戶不同，近代的鶴佬大都已遷上陸地居住，部分更以務農

及飼養禽畜為業，不再以舟為宅；蛋戶則大都仍居於舟船，隨潮往來，捕魚為業，若有漁穫便在附近靠岸叫賣。

1844年，英籍傳教士施美夫（George Smith，五年後成為聖公會香港維多利亞第一任主教）曾到訪深水埗及長沙灣一帶，為當地留下了珍貴的文字記錄：「這裏的鄉間，耕作具有一定的水平，田裏主要種植蕃薯和類似生菜的捲心菜。小徑彎彎曲曲，兩邊狹窄的籬笆圈着私人屬地，小水溝緊挨小徑。海灘寬敞多沙，相當不錯。人們頭腦開放，舉止純樸，有人還招待我們喝茶……這些零散村莊散落在兩里半的路上，從維多利亞城可以眺望得到。」

整體來說，開埠前的九龍西部不算人煙稠密，人口壓力不大，本地、客籍及水上居民沒有發生重大的衝突乃至械鬥，這表現在當地的村落並沒有像新界很多村落般築起圍牆防範外人，居民一般都能和睦相處，這種關係的結果之一，便是市集的出現，居民互惠互利。

根據嘉慶己卯年（1819）的《新安縣志》，官富司管轄的村莊和地區包括了深水莆（埗），附近的長沙灣、芒角、九龍塘及九龍仔等亦出現在名錄中。如前所述，開埠前的深水埗沒有大幅耕地，也沒有規模相當的村落，惟地名卻見諸縣志，說明當時深水埗大概已有一定發展。綜觀各項因素，這幾乎肯定與經濟活動有關。換句話說，當時深水埗大概已是九龍西部一處市集。另因縣志編纂及搜集有關資料需時，該市集大概早自18世紀後期已具雛型，或甚至更早一些。

19世紀末從深水埗遠眺昂船洲，前方為深水埗市集。

這裏所指的市集與大埔墟（舊稱大步墟）、元朗墟（舊稱圓蓢墟）等傳統墟市不同。墟市一般規模較大，有一定的墟期及營業時間（大多數為早上），而市集規模較小，往往只為一條小巷，兩邊為小店舖或房屋，買賣往往在街頭巷尾或水井旁（市井）進行，不過市集一般每天都營業。

除一般農產品及日用品的交易及娛樂消遣外，市集還提供漁農業所需的服務，如各種用具的買賣和修理，其中金屬工具，如採石用的鐵鑿、鐵鑽、鐵鎚和鐵筆等，如有損壞或損耗，工人大都不能自行維修或製造，故市集往往聚集工匠為附近的鄉民修理及買賣各式各樣的工具。隨着市集的發展，附近一帶的水陸交通亦得以開通。

香港採石業

　　過去曾有一些說法，指香港開埠後，大批客家石匠到昂船洲採石，以供應香港島的建築需要，但島上的石礦在香港島開埠前已經存在，而且有一定的規模。事實上，香港採石業早自開埠前已有相當的發展，石排灣的命名便是與外銷花崗石有關。此外，一些開埠前建成或重修的廟宇，往往可見以「塘」為名的商號的捐助記錄。這些「塘」其實就是石礦場（客家人一般稱石礦場為石塘），例如九龍城侯王廟立於道光二年（1822）的重修碑記中，即見大量有關商號，包括志勝塘、萬和塘、茂興塘、就興塘、達和塘、長興塘、志發塘、義利塘、泗和塘、大順塘、華興塘、萬興塘、就仁塘、泗利塘、潤興塘、勝利塘、順利塘、順興塘、寶和塘、七和塘、美利塘、三合塘、潤和塘、興利塘、順合塘、勝興塘、英利塘、泗興塘和利興塘等。這些商號都沒有註明地區，以一般習慣而言，應是離該廟宇不遠，很可能是位於今天九龍一帶，可見當時採石業已相當蓬勃。當然，這些石礦場未必與昂船洲有關，但說明了採石業在香港開埠前的發展很可能遠超過一般人的想像。

　　另根據 1846 年的資料所見，當時香港每月大約有一百艘由七十噸至一百噸重的船隻，滿載由今天所稱的新界地區開採而來的石材離港前往內地，目的地主要是廣州和西江一帶。花崗石雖是粗重之物，卻是當時香港地區唯一的出口產物。石材是建築的重要材料，而所需

的資本卻不多，重要的是能招募合適的打石工人。在
《勘建九龍寨城全案》中，作者在其中一份報告（《列折
呈候察核未盡事宜稟》，簽署日期為道光二十六年閏五
月二十五日）更清楚指明，「緣九龍出產石料，採運容
易，是以工價便宜」，可見當時九龍一帶開採石礦實有
一定的優勢。

自英國開始管治香港島以後，隨着維多利亞城的建
設，不論填海築路，又或各式各樣的軍事及民事建設，
在在需要大量石材，因此具備採石技術與經驗的客籍人
士大量從粵東的五華、興寧、梅縣及惠州等地來港（包
括九龍）謀生，一些石匠聚居地甚至發展成為村落。根
據 1871 年的《政府報告》（*Blue Book*），只是英屬九龍
半島的石礦場數目便達八十一處。羅香林在〈香港早期
之打石史蹟及其與香港建設之關係〉一文中指出，「綜觀
港九之偉大建築，或外表全以光面石砌成，或柱礎拱門
與石柱欄杆等尤變化多而美觀，成為一種風格，而石砌
之海堤與穿山道路工程亦偉，此蓋以港九之地理環境使
然，而客家石工石匠，遂得盡其勞力，發揮香港建築之
功能」。

昂船州的採石業

昂船洲沒有水源，不利耕作，惟島上巨石處處，
造就了島上一項產業：採石業。有關昂船洲在開埠前
的採石業發展，最重要的圖像記錄毫無疑問是法國畫
家 Auguste Borget 於 1838 年作環球旅行期間路過香港

所畫的其中一幅畫作。該幅畫可見海港中的一座小島，根據背景（應為香港島）及小島的形狀大小，除昂船洲外不作他想。小島四處均見石礦場，其中尤以畫中右端一帶最為明顯，而近左邊可見停泊了多艘小船，顯示小島對外有一定的聯繫。昂船洲後來被英國人稱為石匠島（Stonecutters Island），可說是實至名歸了。

　　從 1845 年哥連臣所繪地圖中，昂船洲面向深水埗的沙灘旁設有三處小碼頭，如果只為接送島上居民及採石工人往返，當然不需要這樣數量的碼頭，另因島上沒有漁民定居，估計該等碼頭主要作運送從島上開採得來的石材之用，碼頭的數目反映了當時採石業在島上（至少是 1845 年前後，可能更早）相當興旺，離碼頭不遠處的峭壁，很可能就是島上的主要採石場。

　　由於花崗石本身非常沉重，機動運輸出現以前，工人不會亦沒有可能從陸路把重量以噸計的石材運往他處，故早年的石礦場全都設於海旁，以方便從海路運送石材。昂船洲四面環海，這方面無疑是非常便利的，而該島鄰近深水埗，工人到當地市集修理或購置採石工具亦非常方便（修理採石用的金屬工具往往需要專門技術及器材，採石工人一般無法自行處理），進一步造就了昂船洲的採石業。

　　可惜島上的採石業，隨着第二次鴉片戰爭中清廷戰敗和《北京條約》的簽訂而終止，留下來的只有 Stonecutters Island 這個英文名字，讓人緬懷該島一段已遭人遺忘的歷史。

1838 年 Auguste Borget 所繪的香港海港，遠處小島上的石礦場清楚可見，幾乎肯定是昂船洲。

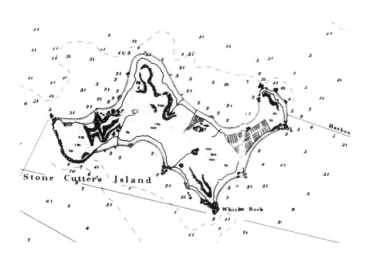

1845 年哥連臣地圖中的昂船洲部分，北岸一帶可見一些小碼頭。

註釋

1　這裏的「城」是指新安縣城（南頭城），與實際位置吻合。至於「山」名，原是昔日浙、閩、粵沿海地區常用的地理名詞，與「洲」相通，這裏稱為「仰船洲山」，意思重複。

2　饒玖才：《香港的地名與地方歷史（上）：港島與九龍》（香港：天地圖書，2011），頁 319。

3　James Hayes, *The Rural Communities of Hong Kong: Studies and Themes* (Oxford University Press, 1985), pp.76-77.

第二次世界大戰前的昂船洲

隨着清政府在第二次鴉片戰爭中落敗，中英兩國於 1860 年 10 月 24 日簽訂了《北京條約》。根據該條約第六款，清政府將九龍半島連同昂船洲割讓予英國，兩地亦因此而成為英佔香港版圖內的一部分。由於昂船洲的地理位置，它亦成為了當時香港的西北端前線。

昂船洲的軍事建設

英國取得昂船洲後，隨即在島上大興土木。香港政府最先在該島興建一所監獄，用以減輕監獄人滿之患。1862 年，香港政府動用約兩萬多英鎊在島上興建該所監獄。[1] 現屹立在島上的聖芭芭拉教堂（St. Barbara's Chapel）於 1886 年落成，原是監獄的一部分，但卻從未用作監獄。反而在 1871 年水痘疫症爆發期間，用作病患者隔離治療所。[2] 另外，軍方亦因應昂船洲的地理位置和地形，在島上興建以炮台為主的軍事設施。

1871 年，香港受到兩次颱風吹襲，造成巨大的破壞，位於昂船洲的監獄和火藥庫亦不能倖免，屋頂被強風摧毀。災後重建時，香港政府命令位於昂船洲的石礦場負責提供大石塊作為中環海堤復修之用。[3]

1889 年，定例局通過了《昂船洲條例》，使整個島嶼成為軍事禁區。1898 年 6 月 9 日，英國政府與清政府在北京簽訂《展拓香港界址專條》，租借由九龍界限線以北，至深圳河以南土地，連同附近兩百三十三個島嶼，為期九十九年。《展拓香港界址專條》使昂船洲由位處殖民地北部邊陲的位置，變成為殖民地中部的一個島嶼，

19世紀末昂船洲兩座原屬監獄的瞭望台，建築物至今尚在，被評為一級歷史建築。

英軍的部署亦有所改變。自 1905 年開始，昂船洲歸屬皇家海軍管理。

1930 年代，英軍在昂船洲興建一個大型軍火庫，當中包括十一個地下儲存庫。皇家海軍亦在島上興建了一個大型情報收集站，用以刺探日本軍情。[4]

法理上的依據：《昂船洲條例》

法理上，中英雙方簽署的《北京條約》是首條與昂船洲有關的法制條文，確立了該島的主權轉變。1889 年 3 月 13 日頒佈的《昂船洲條例》，更正式將昂船洲定位為一個軍事禁區，亦決定了它在香港歷史發展中扮演的角色。根據該條例，昂船洲成為軍事禁區，而細閱條例內的規條，更可使我們進一步瞭解島上的情形。

《昂船洲條例》共分六條，條例內「守衛」用詞是指駐守在昂船洲的英軍正規部隊。其中第三條、第四條和第五條清楚地列明了昂船洲的活動在法理上的規範。

第三（一）條申明了「除駐守於昂船洲的軍人、警務人員，以及皇家海軍基地警務人員外，任何人未經布政司、英軍司令、海軍指揮官書面同意下，不能登島」。第三（二）條列出了罰則，指出「任何人未經同意，而登上昂船洲，將被罰款港幣五百元，或囚禁三個月」。第三（三）條亦指出部分工務人員包括華人，是獲准登島的，當中包括「任何受僱於工務局長、殖民地內皇家海軍司令、皇家工兵團司令官的承建商及其華籍工人」。

　　由於屬軍事禁區，因此第四條申明了登島的制度。即是「任何人士登上昂船洲或被發現身處該島上，守衛或皇家海軍基地警務人員可要求該人士提供登島理由。如該等人士未能提供任何資料，皇家海軍基地警務人員可拘捕該名人士，並移交警方處理」。

　　至於昂船洲四周海面範圍，第五（一）條申明，「除獲得英軍司令、海軍指揮官書面同意，受僱於軍方或警務處或受颱風影響下，任何船隻不得停泊、接近或途經昂船洲海岸線（以潮退為基準）內一百碼」。而罰則則列在第五（二）條：「違規者將被罰款港幣二十元，或囚禁一個月。」

　　至於負責海面上警戒範圍內執法的是島上守衛或皇家海軍基地警務人員。根據第五（三）條：「任何船隻有可能遭返以上規定，守衛或皇家海軍基地警務人員可要求該船隻展示相關文件。如該等人士未能提供任何資料，皇家海軍基地警務人員可拘捕該名船長或駕駛者，並移交警方處理。」

　　至於條例中「船隻」的定義，第五（四）條申明是指帆船、舢板、小船或任何在航海業中所形容的航行工具。

　　以上各項條文，說明昂船洲是一個高度設防的地區，平民百姓是不可登島的。而《昂船洲條例》第六條亦列出，只有香港總督才有權豁免條例上任何條文。以第六條而言，可以瞭解到香港總督是殖民地內的最高決策人，在英國君主缺位時代行國家元首職能。

　　《昂船洲條例》的頒佈，除了是宣示主權外，也因為

1895 年的昂船洲軍營

1899 年在昂船洲接受訓練的炮兵部隊

當時島的北岸是面對仍由清政府管治的地區，而居住於該地區的石匠在昂船洲割讓前已在島上採石，為了加強殖民地防禦和維繫領土完整，香港政府遂透過律法來鞏固它的權益和加強該島主權的合法性。

當《昂船洲條例》生效後，不同軍種的英軍部隊陸續在島上展開工作，而各部隊的建設和工作亦慢慢地改變了這個小島的面貌。

皇家海軍陸戰隊

皇家海軍陸戰隊負責管理位於昂船洲的射擊訓練設施，並且提供射擊訓練課程。在兩次世界大戰期間，皇家艦隊陸戰隊軍官（Fleet Royal Marine Officer）負責為皇家海軍駐華艦隊（China Fleet）安排年度訓練課程。每當有皇家海軍艦艇在香港停留，艦上的皇家海軍陸戰隊官兵，必須在昂船洲接受為期兩週的軍事訓練。[5]

皇家海軍陸戰隊內部刊物 Globe and Laurel 在 1908 年首次提及昂船洲的射擊訓練設施。當皇家海軍裝甲巡洋艦艾佛瑞德國王號（HMS King Alfred）在該年停泊在香港期間，艦上的皇家海軍陸戰隊官兵便在 3 月 30 日至 4 月 4 日在昂船洲接受訓練。[6]

至於為皇家海軍駐華艦隊提供步槍訓練的，是由駐守在香港的皇家艦隊陸戰隊軍官負責，並且由添馬艦（HMS Tamar）的皇家海軍陸戰隊訓練人員提供協助。[7] 雖然島上的居住設施非常簡單，但昂船洲的訓練亦給予長期駐守在艦艇上的隊員一些改變和新的體驗。[8]

1920 年代皇家海軍水兵在昂船洲進行射擊訓練

1924 年美國海軍陸戰隊在昂船洲進行射擊訓練

以 1929 年金巴倫號（HMS *Cumberland*）艦上官兵的訓練為例，昂船洲的叢林為學員提供了娛樂，例如捕捉蛇、蟲、鼠等活動，而且可以趁着休息時間在蚊帳下享受悠閒的時光。[9] 同年為駐守添馬艦的軍人提供的步槍訓練，亦有以下描述：「體驗了一切昂船洲能提供的活動，包括海水、蚊、足球和啤酒。」[10]

除了日常射擊訓練外，昂船洲的天然環境亦令受訓軍人大開眼界。當寶域號（HMS *Berwick*）從上海駛抵香港時，艦隻停泊在太古船塢進行維修，艦上的皇家海軍陸戰隊移往昂船洲駐守。一名路易斯式輕型機關槍手就曾目睹一條長八呎長的蟒蛇。[11]

1931 年航空母艦競技神號（HMS *Hermes*）駐港期間，亦記錄了昂船洲的情況。在一本題為 *Under Canvas and Under Water* 的皇家海軍陸戰隊成員回憶錄中，他記下了在島上的軍旅生涯：

> 我們的首項經歷是一個颱風吹襲。大部分的隊員為了避免浮着睡覺，因此在帳篷上開了小孔，好讓雨水流走。夜間訓練時，最常遇到的是螢火蟲和水蛇。[12]

除了英軍使用該島設施外，美軍亦曾利用島上的設施作訓練，包括美國海軍陸戰隊。

由於皇家海軍陸戰隊提供的訓練非常頻密，所需物資的數量亦相當龐大，因此吸引了華商來招攬生意。這從一封在 1932 年由華商 H M Chung 寫給添馬艦短槍教官（Instructor of Small Arms）的信函可見一斑。他在信中懇求該教官給予其公司為每年在昂船洲舉行週年槍械

訓練提供膳食。信內亦附有駐華艦隊的皇家海軍軍官和皇家海軍陸戰隊軍官的推薦信。為求得到該份合約，他更提出回贈每月一百元給那名短槍教官，可見得為昂船洲軍營提供糧食是一項肥缺。[13]

昂船洲的設施非常簡單，並沒有任何建築物來舉行室內運動，或為官兵提供地方閱讀或遮風擋雨。1934 年出版的 *Globe and Laurel* 提及昂船洲興建了新的建築物。文中表示，駐華海軍的小型槍械訓練官博文（Captain E. St. J. Brockman,RM）海軍陸戰隊上尉用了部分飯堂收益來興建新建築物，為三千五百名學員提供為期六日多的訓練。[14]

皇家炮兵團

雖然昂船洲在 1889 年頒佈《昂船洲條例》後才列為軍事禁區，但是英國軍方因應該島的地理位置，在接收不久後已作出駐軍的考量。自 1879 年起，軍部曾多次派員作實地考察，而多份防衛文件亦曾提及昂船洲，當中以設置炮台為主調。

《國防委員會報告書1880》：1879 年 10 月 21 日，隸屬皇家工兵團的紐根特上校（Colonel C H Nugent）以英國戰爭部防禦工事委員會副主席身份簽署了一份有關香港防衛的文件。該文件是準備呈交給國防委員會，以便對香港的防衛作出適當的部署。[15]該文件收納於 1880 年的《國防委員會報告》內，當中涉及昂船洲的建議，包括：（一）昂船洲西炮台：原建議架設兩門七吋

1930 年代的昂船洲軍營，右上方樹叢下為東炮台。

大炮，但改為建議架設兩門 10 吋前膛炮（Rifles Muzzle Loading）。預算炮台連防禦工程的建築費用為九千兩百九十五英鎊，炮則為七千一百七十英鎊。[16]（二）昂船洲中炮台：現有建築是為了架設兩門七吋大炮，既然改為兩門十吋前膛炮，炮台亦由碉堡式（mere battery）改為防禦式設計。[17]（三）昂船洲東炮台：將會架設兩門七吋前膛炮。預算開支為四千七百三十英鎊。[18]

《皇家國防委員會報告書 1883》：這份報告書由奇勒少將（Major General Sir Andrew Clarke）負責撰寫，並於同年 6 月 6 日呈交給時為陸軍統帥的劍橋公爵。該份報告書亦提及昂船洲的情況，並作出建議，[19] 包括：（一）原設於昂船洲的軍事設施，應予保留；[20]（二）三項新的

工程現正進行，包括在昂船洲西端興建能容納兩門大炮的建築物。[21]

　　《第十六號皇家炮兵團／皇家工兵團委員會報告書》：這份發表於 1886 年 3 月 10 日的報告書建議昂船洲西炮台應該配備兩門十吋後膛炮和兩門六吋後膛炮。前者應該設置於炮墩上，而後者應該設置於隱沒式炮架上。中央炮台應安放一門九吋前膛炮，如有可能，一門十吋後膛炮應該設置在中央炮台南端。原設於中央炮台的七吋前膛炮應該撤換。三門六十四磅、置於台架的前裝線膛炮，應該設置於昂船洲西炮台和中央炮台之間，以便向位於該島南面的地雷區發炮。[22]

　　《菲瓦法斯／白加檢討報告》：1886 年，英國政府對香港的防衛佈局再進行檢討。負責檢討的包括隸屬皇家工兵團的白加中校（Lieutenant-Colonel G Barker），以及隸屬皇家炮兵團的菲瓦法斯・艾理斯中校（Lieutenant-Colonel C H Fairfax Ellis）。[23]

　　因應昂船洲與卑路乍角（Belcher's Point，即現今卑路乍灣附近位置）的距離長約四千碼，香港西端要達到有效防禦非常困難。因此他們建議在香港多處設置探射燈，當中包括昂船洲、卑路乍和鯉魚門。[24]

　　經過多次調查、考察和建設後，於 1887 年刊登的軍備名單中，可以清楚看到昂船洲的炮台設施已盡完善了。

表 2-1：1887 殖民地軍備名單

		指令日期	裝設	交付日期
昂船洲西炮台	兩門十吋前膛炮	1885 年 3 月 26 日	1885 年 1 月 24 日	1886 年中
	兩門六吋前膛炮	1885 年 5 月 25 日	1885 年 5 月 25 日	1887 年
	一門速射炮			1887 年初
昂船洲中央炮台	一門十吋前膛炮	1885 年 3 月 26 日	1885 年 6 月 12 日	1886 年中
	一門六吋前膛炮	1885 年 5 月 25 日		1886 年初
	兩門速射炮			1887 年初
昂船洲東炮台	兩門九吋前裝線膛炮			已就位
昂船洲南岸炮台	三門六十四磅前裝線膛炮			已就位
	兩門速射炮			1888 年初

（資料來源：Denis Rollo, *The Guns and Gunners of Hong Kong* [Hong Kong: The Gunners' Roll of Hong Kong, 1991], p. 54）。

　　該名單亦列出了駐守在昂船洲的炮兵人數，包括一百五十名皇家炮兵團炮兵和二十五名義勇軍，同時指出島上還有四百五十名步兵和隸屬皇家工兵團的軍人。[25] 皇家工兵團隊員負責管理探射燈設施，而義勇軍則負責操作昂船洲西炮台。[26]

　　1880 年代，皇家炮兵團軍營遠離炮台位置，在和平時炮台由步兵負責防衛。直至 19 世紀末，炮兵團軍營才先後在昂船洲和鯉魚門建成。昂船洲軍營包括一間軍官營房和一間士官營房。[27]

　　《1898 年海外和國內駐軍軍備委員會》：1898 年 6 月

20世紀初義勇軍在昂船洲進行年度操練

9 日，英國政府與清政府在北京簽訂《展拓香港界址專條》，租借由九龍界限線以北，至深圳河以南土地，連同附近二百三十三個島嶼，為期九十九年。

　　早在 1898 年 5 月 72 日，英國的海外和國內駐軍軍備委員會已對香港的防衛提出建議。整項建議當中對香港西端因應新界土地即將成為香港管轄範圍而作出調整。香港西端的防衛工事已能滿足需求，只是建議將現有的六吋大炮由隱沒式炮架改為設置於砲墩上。[28]

　　《1899 年軍備會議》：1899 年初，英國舉行了軍備會議來檢討英國國內和海外屬土的防衛力量。當中香港被定位為一個集船塢、港口、軍港於一身的地方，並且必須保持足夠軍力來抗衡輕量攻擊。會議的結論指出，香港西端的防衛已具備合適的防衛力量，但建議將該處的

約 1910 年昂船洲碼頭一帶

十吋後膛炮和六吋後膛炮改換成新的炮座以增強火力。[29]

軍備會議的建議在 1900 年 1 月 26 日獲得英國政府確認。因此殖民地防衛委員會秘書長（Secretary of the Colonial Defence Committee）向有關部門呈交了軍備需求備忘錄。[30]

備忘錄中提及昂船洲的炮台設施，包括：（一）中炮台的十吋後膛炮及其炮架將於 1907 年 8 月完成；（二）中炮台的十二磅速射炮（Quick-firing gun）將於 1905 年完成安裝；（三）東炮台的四點七吋大炮將作為訓練用途；（四）西炮台的六吋大炮及其隱沒式炮架將於 1906 年移除。[31]

路易斯上校巡視：1905 年初，戰爭部（War Office，即陸軍部）委派隸屬皇家工兵團的路易斯上校（Colonel

James Frederick Lewis, 1846－1918）來港進行軍事評估。1 月 19 日，他到昂船洲視察，參觀了東炮台、中炮台，以及其他建築物。[32]

《奧雲委員會 — 防衛支出》：英國海軍部和戰爭部聯合成立了委員會，探討現存海岸防衛力量，以迎合現代化環境。委員會由奧雲少將（Major General Sir J F Owen）出任主席，成員包括兩名陸軍軍官和兩名海軍軍官。委員會簡稱為奧雲委員會。[33]

為瞭解香港防務，委員會曾於 1906 年訪問香港，奧雲少將並於同年 10 月 6 日在離港途中簽署有關香港防衛的報告。[34]

根據這份報告，奧雲委員會對香港島西端的防衛，建議在夜間受襲的情況下，位處下寶翠炮台的兩門六吋七型後膛炮、上寶翠炮台的一門六吋七型後膛炮，以及昂船洲西炮台的三門七型後膛炮，能夠固守維多利亞港西面入口。有關保護昂船洲北面水道，以兩門位處昂船洲東北角高地的亞比安炮台的六吋七型後膛炮為主力。另外，安裝三支具備一百五十厘米泛光燈的探射燈於昂船洲西炮台，另外兩支探射燈則安裝於亞比安炮台。[35]

皇家炮兵監察員訪港：1909 年 3 月 5 日至 3 月 12 日期間，刁頓少將（Major General J C Dalton）以皇家炮兵監察員身份訪問香港，並對香港的防衛提出意見。當中對昂船洲的觀察，包括：（一）西炮台：六門計劃中的六吋七型後膛炮，已有兩門完成安裝；（二）中炮台：六吋口徑後膛炮將轉送至西炮台，十吋口徑大炮將繼續服役，直至位處魔星嶺炮台的九點二吋口徑大炮組裝完成

為止；（三）亞比安炮台：繼續服役至另一門大炮在西炮台組裝完成為止；（四）百夫長炮台：繼續服役至另一門大炮在西炮台組裝完成為止。[36]

1912 年 1 月 2 日，英國戰爭部批准了香港提升防衛力量，包括昂船洲西炮台的火力加添至五門六吋口徑的七型後膛炮，中炮台加添一門十吋口徑的三型後膛炮。[37]

《香港防衛計劃 1936》：1936 年英國訂立的《香港防衛計劃》，建議增設炮台監察室（observation post）和計劃室（plotting room）。昂船洲的人員亦增加一名瞄準器操作員（depression range finder），以及十一名人員。[38] 至於西部火力指揮（west fire command），應該具備兩門六吋大炮，以及七十一名炮兵。[39]

華籍炮兵

1930 年代，隨着日本在亞洲地區作出軍事擴張，以及歐洲地區戰雲密佈，英國政府決定在香港招募華人入伍，加強香港防衛之餘，亦可抽掉部分英軍部隊回國協防。1938 年 1 月 3 日，二十三名華人開始在昂船洲接受為期十四週的軍事訓練。他們已是第二批受訓的華籍炮兵，指揮官為皇家炮兵團的孟路中尉（Lt. J H Munro），並由一名中士和兩名炮兵擔當教官。另一批為數四十人的學員在同年 6 月開始接受軍訓，當時軍中已有兩名華籍士官。該批軍人的結業典禮的主禮嘉賓是總指揮官巴索盧繆陸軍少將（GOC, Major Gen A W

Bartholomew）。自 1938 年 12 月開始，華籍炮兵的訓練轉至赤柱軍營。[40]

義勇軍年度訓練營

除了訓練新兵和為正規軍提供射擊訓練外，昂船洲的軍事設施亦為義勇軍提供年度訓練，從 1897 年 10 月 9 日至 10 月 18 日的報章報導中，正好窺探當年義勇軍的年度訓練，以及營內設施。

是次年度訓練是由卡靈頓少校（Major Sir John Carrington）負責指揮。[41] 參與訓練的義勇軍於首日在美利碼頭集合，搭乘小艇審慎號（*Prudence*）前往昂船洲。為隆重其事，小艇的煙囪塗上了軍團的顏色，船頭掛上了軍徽和升上了軍團的軍旗，船尾亦懸掛了國旗。旅程途中，軍團樂隊演奏了兩首樂章。[42] 審慎號每天往返昂船洲至美利碼頭七次，負責接載義勇軍軍人和訪客。[43]

當小艇泊岸後，義勇軍團在《不列顛擲彈兵進行曲》伴奏下步操至營房。軍團成員亦隨即架設帳蓬，挖掘戰壕。晚餐前，部隊亦進行了短暫的步操訓練。[44]

軍團的訓練程序亦因應其兵種而有別。早操的訓練中，炮兵（Field Battery）接受火炮訓練（gun drill），而機槍手接受機槍訓練。及後炮兵嘗試操作六十四磅大炮，包括裝卸炮彈訓練、座標定向練習等。[45] 擔當炮兵訓練指導的是皇家炮兵團的軍官。[46] 10 月 15 日的訓練，炮兵在卓文上尉（Captain Chapman）指揮下，操作七磅大炮。步兵由部隊的士官指導下，完成卡賓槍訓練。[47]

19 世紀末參與昂船洲年度訓練的義勇軍軍樂團

　　整個訓練的高潮是 10 月 16 日的軍事演習。演習內
容是假設敵軍在大鵬灣登陸，並穿越新界向南挺進，一
小隊被派往進攻昂船洲，意圖奪島。作為守軍的義勇軍
嘗試炮擊敵軍，以免昂船洲落入敵人手上。敵軍將以帆
船和舢舨為登陸工具，嘗試從深水埗渡海，並計劃在昂
船洲海軍射擊場附近的沙灘登陸。義勇軍炮兵將用七磅
大炮炮轟敵軍船隻，步兵則負責向沙灘進行掃蕩。[48]

　　為求訓練達到指定水平，四艘懸掛白旗和擺放了假
人的舢舨，被拖往海中心作為戰靶，義勇軍在卓文上尉
指令下，炮兵向舢舨發炮，步槍隊亦在長官指揮下向預
定地點集結佈防。整個演習得到滿意成果，包括兩次直
接擊中目標。[49]

19世紀末義勇軍炮兵部隊在昂船洲進行實彈訓練

訓練期間，義勇軍軍樂團亦在營中提供娛樂，包括鳴金收兵儀式和軍操表演。[50]1897年的年度訓練於10月18日結束，部分團員亦於17日陸續離開昂船洲。

其他用途

縱使《昂船洲條例》將該島定性為軍事禁區，並且列明如非公務，任何人士登臨昂船洲必須獲得當局許可，否則，違者送官按律查辦。但條例中亦有法外施恩的一面，如第五（一）條指明受颱風影響下，船隻是可以停泊、接近或途經昂船洲海岸線內一百碼。馬冠堯在《香港工程考 II：三十一條以工程師命名的街道》一書

中指出，維多利亞港內優良的避風地方不多，而漁民數目亦不少，當颱風襲港時，天然障屏成為他們的棲身之所。他指出：

> 香港有一萬二千人居於三千艇上，有老有幼、有男有女，也有三代同堂。
>
> 他們起居皆在艇上，有其習俗，互相通婚，生死皆在艇上，形成一個小型社會，靠海上運輸為生……當颱風出現，他們會將船泊在九龍西部的油麻地或昂船洲北部的岸邊以不受東北風吹襲。[51]

另外，昂船洲的優良海灘，一向是泳客享受海浴的地方。1920 年 11 月 1 日，當政府決定收回位於港島北岸的海浴場土地，用作商業發展。《德臣西報》發表社論和刊登讀者來函抨擊政府政策，當中社論提及富裕階層可租賃船隻到昂船洲的海浴場暢泳，而貧苦大眾卻不能。[52]從社論中，我們可以看到《昂船洲條例》仍存在着灰色地帶，優良海灘仍讓富裕階層作為海浴場所，而執法者亦有妄開一面的時候。

昂船洲的海浴場在 1920 年代更發展成為公眾浴場，潘淑華和黃永豪在《閒暇、海濱與海浴：香江游泳史》中提到立法局在 1921 年成立了特別委員會，對香港的游泳設施作深入調查。經調查後，委員會建議把昂船洲開闢為公眾浴場。及後，政府與軍部磋商可行性，並決定以鐵絲網劃出昂船洲的一部分作為公眾浴場。為了方便市民前往，九龍四約街坊小輪公司開設了來往佐敦道碼頭至昂船洲的航線。根據 1921 年的政府統計，該年

約 1930 年的昂船洲沙灘

使用昂船洲海浴場的人次已達三千八百七十五人，當中二百三十六人為華人。[53]

　　除了成為康樂設施的海浴場外，第一次世界大戰期間，昂船洲亦曾短暫成為拘留營。1914 年 8 月，第一次世界大戰爆發，英德兩國成為交戰國。遠在遠東地區的香港亦受到影響，德裔人士被定性為「敵國僑民」。1914 年 10 月，德資商舖被查封，而居住於香港的德裔婦孺被勒令離開香港。此外，德裔男性僑民則被拘禁於昂船洲，後被遷往位於紅磡的拘留營。[54]

　　部分德裔拘留人士，後被送往澳洲的拘留營囚禁。現存於澳洲國家檔案館的 *Register of World War 1 Internees in New South Wales, 1914-1919*，可追溯到一位名為卡尼·

維勒（Karle Wehle）的拘留者，他最初是在香港被拘禁，於 1916 年 2 月 3 日開始被移往新南威爾士的審判灣拘留營（The Trial Bay Camp）。[55]

註釋

1   馬冠堯：《香港工程考 II：三十一條以工程師命名的街道》（香港：三聯書店，2014），頁 63。

2   Neil & Jo Craig, *Black Watch, red dawn: the Hong Kong handover to China* (London: Brassey's, 1998), p.115.

3   馬冠堯：《香港工程考 II：三十一條以工程師命名的街道》，頁 109。

4   Neil & Jo Craig, *Black Watch, red dawn: the Hong Kong handover to China*, pp.114-115.

5   S. S. Richardson, *The Royal Marines and Hong Kong 1840-1997* (Southsea: Royal Marines Historical Society, 1997), p.22.

6   Ibid p.32.

7   Ibid, p.34.

8   Ibid, p.22.

9   Ibid, p.22.

10 Ibid, p.22.

11 Ibid, p.22.

12 Ibid, pp.22-23.

13 Ibid, p.23.

14 Ibid, pp.23-24.

15 Denis Rollo, *The Guns and Gunners of Hong Kong* (Hong Kong: The Gunners' Roll of Hong Kong, 1991), p.38.

16 Ibid, p.39.

17 Ibid, p.39.

18　Ibid, p.39.

19　Ibid, p.46.

20　Ibid, pp.46-47.

21　Ibid, p.47.

22　Ibid, p.51.

23　Ibid, p.53.

24　Ibid, p.54.

25　Ibid, p.57.

26　Ibid, p.58.

27　Ibid, p.60.

28　Ibid, pp.70-71.

29　Ibid, pp.71-72.

30　Ibid, p.72.

31　Ibid, p.73.

32　Phillip Bruce, "Looking at Hong Kong's 1905 Defences", *Hong Kong Military History Notes*, Issue 5 (May 1987), p.23.

33　Terry Gander, "Twentieth Century British Coast Defence Guns", *Fortlet*, Vol. 2, 2011, p.1.

34　Denis Rollo, *The Guns and Gunners of Hong Kong*, p.79.

35　Ibid, p.81.

36　Ibid, pp.83-85.

37　Ibid, p.91.

38　Ibid, p.110.

39　Ibid, p.112.

40　Ibid, pp.112-113.

41　"The Volunteer Encampment", *Hong Kong Daily Press*, 14 October, 1897.

42　"The Hong Kong Volunteer Company – Annual Camp of Instruction", *Hong Kong Daily Press*, 11 October, 1897.

43　"Camp Notes", *China Mail*, 12 October, 1897.

44 "The Hong Kong Volunteer Company – Annual Camp of Instruction", *Hong Kong Daily Press*, 11 October, 1897.

45 "The Volunteer Encampment", *Hong Kong Daily Press*, 13 October, 1897.

46 "The Volunteer Encampment", *Hong Kong Daily Press*, 14 October, 1897.

47 "The Volunteer Encampment", *Hong Kong Daily Press*, 16 October, 1897.

48 "The Volunteer Encampment", *Hong Kong Daily Press*, 18 October, 1897.

49 "The Volunteer Encampment", *Hong Kong Daily Press*, 18 October, 1897.

50 Ibid.

51 馬冠堯：《香港工程考 II：三十一條以工程師命名的街道》，頁 130－131。

52 潘淑華、黃永豪：《閒暇、海濱與海浴：香江游泳史》（香港：三聯書店，2014），頁 17。

53 同上，頁 20－21。

54 Stuart Heaver, "SMS Emden: Hong Kong's favourite foe", *Post Magazine*, 26 January, 2014.

55 AusPostalHistory, Trial Bay, South West Rocks Detention Barracks 1914-1918 [Germany], http://www.auspostalhistory.com/articles/130.php （瀏覽日期：2014 年 3 月 22 日）.

03

香港保衛戰期間的昂船洲

1941 年 12 月 8 日，日軍侵襲香港，歷時十八天的香港保衛戰在兩軍互有攻守下，以英軍戰敗告終。有關香港保衛戰研究，本地學者著作不少，當中包括 Oliver Lindsay 的 *The Battle for Hong Kong 1941-1945*、Brereton Greenhous 的 *A Canadian Catastrophe 1941-1945*、Philip Snow 的 *The Fall of Hong Kong*；至於中文著作，如邱逸等的《圍城苦戰：保衛香港十八天》、鄺智文的《孤獨前哨：太平洋戰爭中的香港戰役》等。

　　20 世紀初日俄戰爭後，日本一躍成為列強之一，同時對中國東北地區虎視眈眈，甚至不惜以武力侵略來達到向外擴張的意圖。雖然日本以軍政勢力威脅中國，但在 1931 年九一八事變前夕，蔣介石卻發佈了《告全國同胞一致安內攘外》，提出了以「抗日必先勦匪，攘外必先安內，安內以攘外，剿匪以抗日」為指導思想。就是說，他會集中力量對付中國共產黨，而對日本的侵略卻採取容忍態度。

　　日本眼見中國對侵略採取退讓態度，在 1931 年 9 月 18 日晚上，日本關東軍炸毀瀋陽北郊柳條湖附近南滿鐵路的一段路軌，並誣衊是中國軍隊所為而向東北軍駐地北大營和瀋陽城展開攻擊。幾天內，日軍已侵佔二十多座城市及其周圍的廣大地區。

　　國民政府「攘外必先安內」的基本國策，使中國人民陷於苦難之中，而大遍土地亦落入日本人手裏。1936 年，時任西北剿匪副總司令的張學良和時任第十七路軍總指揮的楊虎城在西安發動「兵諫」，史稱西安事變。西安事變後，國共兩黨再度合作，一致抗日。1937 年 7

九一八事變後，關東軍安排日本記者視察遭破壞的柳條湖南滿鐵路。

月7日，日本發動蘆溝橋事變，抗日戰爭全面開展。

抗日戰爭爆發初期，英國政府刻意維持香港的中立地位。香港華人雖然亦有為中國抗戰籌募經費和四出宣傳，但必須在不影響英日關係的前提下進行。但是，英國對保衛香港亦開始作出準備。

戰前部署

1922 年 2 月 6 日，美國、英國、日本、法國和意大利五國簽訂了《華盛頓海軍條約》。根據第十九條規定，

英國在太平洋範圍部署的軍事設施如下：

第十九條

美國，英國和日本同意在下文提到的各自領地上之海軍軍事基地和設防區域里，本條約簽約時的現狀：

1　美國現在和以後可能擁有的太平洋海島，除了 (a) 美國本土、阿拉斯加和巴拿馬運河區的近海島嶼，不包括阿留申群島，和 (b) 夏威夷群島；

2　香港以及英國現在和以後可能擁有的，東經 110 度以東的太平洋海島，除了 (a) 加拿大近海島嶼，(b) 澳大利亞聯邦及其屬地，以及 (c) 紐西蘭；

3　日本擁有的太平洋島嶼，即：千島群島，小笠原群島群島，南鳥島，琉球群島，台灣和佩斯卡多列爾群島，太平洋日本委任統治領地，以及日本以後可能擁有的太平洋島嶼。

上文所規定的地域，不得建設新的設防工事和海軍基地；不得擴建、增強上述地區的軍事設施和海軍維護修理設施，上述地區的岸防工事不得增加或擴建。本限制不包括以上地區軍備武器的正常更換以及和平時期海軍和其它軍用設施的日常維護修理。

這個安排，令香港的防務工作受到一定程度的規限。[1]

1932 年 1 月，日本發動侵略上海的戰爭，第十九路軍英勇反擊，史稱一二八事變。一二八事變後，英國察覺到日本對外擴張的野心，開始為自己在遠東地區的利益作打算。1933 年的倫敦海軍會議中，英國通過廢棄

《華盛頓海軍條約》，開始為香港的防衛政策制定新方向。從 1935 年起，香港展開其預算高達五百萬英鎊的防衛計劃，除了建造軍事設施外，亦開始招募華人參軍。[2] 雖然香港總督羅富國在 1937 年曾以香港難以防守為理由，建議將香港列為「不設防城市」，並停止所有防衛工程，但他的建議遭到倫敦反對。因此，香港的防衛計劃得以繼續進行。

1937 年末，香港政府積極為戰爭作準備，除了分階段頒佈不同的《緊急條例》外，亦組織了防空救護隊（Air Raid Precaution Corp），以及在當年 12 月，在海軍俱樂部（China Fleet Club）舉辦防空講座。[3] 此外，加強了志願團體和後備警隊的相關訓練和演習。1939 年 9 月 12 日的《華僑日報》，便報導了香港婦女防空聯合會婦女防毒班在當天早上舉行了第二次防禦毒氣實習。[4] 與此同時，港府亦公佈了燈火管制的措施內容，以及在港九兩地設置了十四座警報器。[5]1941 年 11 月末，加拿大政府應英國要求，派了兩營步兵來港增援，這可視為英國決意堅守香港的表示。

香港防衛計劃以建立多座重炮及部署鋼炮為主，此外，亦在港島沿岸建立了數十座機槍堡。港島北岸架設鐵絲網，而維多利亞港西部入口則施放鐵鏈來守護內港。防空方面，主要集中於港島，劃分了多個防空區域，每個區域均設有聽音器來辨別敵機方向及利用高射炮擊落敵機。

新界及九龍半島，則以被稱譽為「東方馬奇諾防線」的醉酒灣防線為主要防禦設施，從葵涌一直分佈到牛尾

1937 年守軍在西灣高射炮台進行演習

海沿岸。防線建有多個防禦工事,包括地堡、機槍陣地及戰壕等。防線總指揮部則建於城門水塘以南孖指徑的城門稜堡。[6]

日軍攻擊目標

雖然英國的遠東聯合局已於 1939 年遷往星嘉坡,但位於昂船洲的大型截聽中心仍然保持運作。皇家後備海軍哥寧活．修庇海軍少校（Lt. Cmdr H. C. S. Collingwood-Selby, 1898－1992）的日記,記載了 1941 年末的昂船洲情形,包括情報收發站、射擊訓練場,以及由歐裔和印裔警衛守衛的軍火庫,亦有海灘給軍人暢泳。[7]

戰爭如箭在弦之際,英軍總部在日軍進攻前一個多月,已經察覺到日本在廣州地區部署了約三個師團的軍力。[8] 遠東聯合局馬上通報香港政府,日軍將會以一至兩個師團攻擊香港。[9] 開戰前不久,遠東聯合局再度表示,廣州外圍的日軍已悉數撤離。[10]

根據日方資料,1941 年 11 月 6 日,日軍大本營已經下達「準備攻佔香港的命令」,當中涉及攻佔昂船洲的命令,包括〈大陸指令第九百九十號〉內的〈附件一(九)〉:「攻下九龍半島後,立即準備攻擊香港。為此,應迅速摧毀青衣島、昂船洲等各小島嶼的各種設備並予以佔領。」[11] 以及〈附件二(七)〉:「擔任警備─基本原則(海軍)─在香港的英國海軍工廠西端連結倉庫山峽及太古洋行造船廠東端一線以北的陸地、昂船洲及整個海面。」[12]

而下達第二十三軍攻佔香港的計劃內,亦指示第三十八師團在迅速佔領昂船洲等敵方各種設施時,應同時進行各種必要的準備。[13] 炮兵部隊方面,則指令第二十三軍直屬第一炮兵隊以一百五十毫米加農炮火力壓制昂船洲炮台。[14]

戰事爆發

1941 年 12 月 8 日早上八時,日軍軍機轟炸啟德機場,彈指之間摧毀了香港守軍的空防力量。與此同時,以酒井隆中將為指揮官的日軍華南派遣軍(第二十三軍)屬下陸軍司令佐野忠義大佐(第三十八師團)指派步兵

戰爭爆發後日軍沿新界推進

司令伊東武夫屬下第二百二十八、第二百二十九及第二百三十共三個聯隊的步兵，配合第六十六隊北島冀子雄炮兵團作先遣部隊，分別從打鼓嶺、羅湖及新田三路進攻香港。

遠東聯合局的博沙少校（Major C.R. Boxer）在開戰前一天，已不停地監聽日軍通訊，並在 12 月 8 日早上四時四十五分確定日軍將會發動攻勢。當戰事發生後，遠東聯合局的基路士少校表示：「新界很快便被攻陷，『第五縱隊』四出活動來配合日軍的行動。偽裝成福建人的台灣間諜不斷為日軍提供英軍的動向。」[15]

戰爭爆發後，駐守昂船洲的守軍亦迅速投入戰鬥。駐守新界的香港星嘉坡炮兵團以及昂船洲的六十磅大炮齊向新界地區發炮，以圖阻止日軍推進。[16]12 月 8 日晚

至 9 日凌晨，昂船洲的六吋大炮和六十磅大炮向落路下以及排頭村北面發炮攻擊。[17] 另外，摩星嶺炮台及昂船洲炮台負責發炮摧毀華南製鐵廠及附近地區設施。[18]

當時在義勇軍服役的拔萃男書院舊生馬菲士（Clifford Matthews）憶述了戰爭初期動員的情況。他與兄長及友人在戰爭爆發後，立刻從尖沙咀搭乘小輪渡海前往花園道總部報到。整裝後，他們隸屬的第三連被派到昂船洲駐守。當時馬菲士認為他們的工作是海灘的防務，以及為島上砲兵部隊提供保護。[19]

縱使昂船洲的炮轟對九龍半島和新界的戰線產生支援作用，但對薄弱的英軍部隊，只是杯水車薪。當時負責防衛九龍及新界的部隊，包括第二皇家蘇格蘭衛隊、旁遮普第十四團二營、拉吉普第七團五營、香港義勇軍第一連及炮兵，以及一小隊增援加軍，而主力則放置在醉酒灣防線。[20]

日軍第三十八師團屬下的三個聯隊在 12 月 8 日早上越過深圳河後，向南推進，第二百二十八聯隊經林村上鉛礦凹，第二百二十九聯隊經沙螺洞、赤泥坪後過馬鞍山出水牛山，第二百三十聯隊先去錦田、元朗及青山灣，再沿青山公路出荃灣。雖然守軍破壞了大埔公路及九廣鐵路，卻未能阻慢日軍進攻。12 月 9 日下午，日軍已抵達醉酒灣防線。[21]

12 月 9 日晚上，日軍向醉酒灣防線進行突擊，經過激烈戰鬥後，皇家蘇格蘭衛隊 A 連連長鍾斯上尉（Captain C. R. Jones）及第八排排長湯臣少尉（2nd Lieutenant J. S. R. Thomson）等被俘虜。第二百二十八

在新界作戰遭日軍俘獲的香港守軍，部分原駐守醉酒灣防線的城門稜堡。左端為鍾斯上尉。

....

香港保衛戰期間發行的《大東亞戰爭画報》內的插圖，下方中央島嶼為昂船洲（吳文堅先生提供）。

....

聯隊指揮官土井定七在戰役報告中，亦提及在 12 月 10 日凌晨時分，英軍利用昂船洲炮台向他們的據點進行炮轟。根據他在戰後書寫的報告：

12 月 10 日，凌晨一時許，敵人佔據的「251 高地」（即城門棱堡所在地）已落入我軍手中。此後不久，敵人利用位於昂船洲和慈雲山炮台開始向我軍密集炮轟，阻礙我軍的機槍部隊繼續在水庫的堤壩推進。[22]

10 日稍後時間，昂船洲受到正面攻擊，而對岸的油庫亦受到炮轟而起火。[23] 中午時分，雙方互相發炮攻擊，昂船洲第一炮台、操練場炮台（Parade Battery），以及摩星嶺第三炮台齊向城門棱堡展開炮轟。[24] 炮戰期間，昂船洲彈藥庫和第一炮台雖被擊中，但仍能如常運作。及後，昂船洲受到更嚴密的炮轟和空襲。[25]

昂船洲受到正面炮轟，主要是日軍在當天調整了進攻策略，「獨立重炮第二、三大隊應以全力迅速在既定陣地展開，自 10 日起，主要任務為對正面敵炮兵作戰及壓制昂船洲島炮台」。[26]

12 月 11 日，昂船洲受到頻密的空襲和炮轟，超過五十枚炸彈直接擊中西堡壘，但沒有做成任何傷亡。第一炮台在早上持續向荔枝角發炮，掩護皇家蘇格蘭衛隊撤退。[27]

日軍第二百三十聯隊詳報了進攻九龍的戰況，當中亦提及受到昂船洲炮台炮擊：

第七中隊在大澤中隊長的指揮下，命第三小隊長望月繁雄少尉帶領約一個小隊的士兵猛然衝鋒，佔領了「256 高地」。他們立即受到英軍四門山炮的猛烈射擊。同時，昂船洲島的六吋大炮（一百五十毫米榴彈砲）和香港西炮台的九點二吋要塞炮（二百四十毫米加農炮）等也向該高地集中猛烈轟擊。因此，第二大隊的後續部隊無法前進。但大澤部隊始終堅守「256 高地」，這樣，經第二大隊反覆猛攻，於十四時佔領了附近一帶地區。[28]

當英軍在新界和九龍半島節節敗退之際，英軍司令莫德庇少將（Major Gen.C. M. Maltby）決定棄守九龍，

開戰前進行野外訓練的香港星嘉坡炮兵團成員

命令守軍退守港島。12 月 11 日下午三時，昂船洲守軍接獲軍令，摧毀島上炮台，並於當晚撤離昂船洲。[29] 當時駐守昂船洲的守軍包括米斯少校（Major Mills）指揮的香港星嘉坡炮兵團、史釗活少校（Major E. G. Stewart）指揮的義勇軍第三連的兩個排，以及少數隸屬皇家工兵團的軍人。[30]

負責協助昂船洲守軍撤退的是皇家海軍。時為MTB08 指揮官的香港皇家後備海軍柯比海軍上尉（Lieutenant Laurence Dudley Kirby, HKRNVR）在他的回憶錄中，記載了 MTB08 的戰記。當中他提及 12 月 11 日晚上七時，他接到命令將魚雷艇駛往昂船洲，協助運送傷兵。他說：「該島在過去的二十四小時一直受到炮火攻擊。而我的魚雷艇把三名躺在擔架的傷兵和一些士兵，接載回到海軍船塢。」事實上，昂船洲在開戰初期的傷亡率算是偏低。在多次受到日軍轟炸和炮擊下，島上設施受到嚴重破壞，但只有四名義勇軍受傷。[31]

隨着英軍退守港島，九龍半島亦迅速落入日軍手中。日軍炮兵隊於 12 日向昂船洲及港島炮台進行壓制射擊。[32] 而日軍的《軍炮作命甲第一百九十號：關於變換陣地的準備命令（要點）》，亦下達指示：「獨立 X 炮第二大隊應於 12 日將兵力集結於現駐地附近，隨第一線部隊的推進，主要為射擊昂船洲島，在濾水廠附近準備變換陣地。」[33]

英軍整個撤退行動順利完成，所有大炮和器材被銷毀。大部分彈藥、探射燈燈泡、儀器、軍服亦撤離至皇家海軍船塢。[34] 12 月 12 日傍晚，除鯉魚門北岸魔鬼山

九龍半島淪陷後，日軍於 12 月 13 日派軍使從尖沙咀九龍倉登船往港島招降。

外，九龍和新界都已完全落入日軍手中。12 月 13 日，最後留守九龍的拉吉普營搭乘驅逐艦撤離到港島，標誌着九龍正式淪陷。

　　九龍半島淪陷後，雙方重整軍備。日軍曾於 13 日及 17 日兩次派軍使到港島招降，均被總督楊慕琦拒絕。第二次招降翌日晚上，日軍炮轟香港島多個軍事要塞，並且在炮火掩護下，在北角、鰂魚涌及筲箕灣一帶登陸，展開了香港島爭奪戰的序幕。

　　12 月 21 日黃昏六時，隸屬日軍海軍炮艦橋立號的陸戰隊登上昂船洲，經過掃蕩行動後佔領該島。[35]

　　經過八天的艱苦戰鬥，守軍在奮戰下，已到彈盡援絕的地步。12 月 25 日，總督楊慕琦發表聖誕文告，仍鼓勵士兵奮勇抗敵，但卻不能因此而扭轉劣勢。當日下

午三時，莫德庇少將向楊慕琦匯報戰況，表示守軍已無法組織有效的抵抗。下午五時，楊慕琦至日軍司令部稱降，兩小時後，他與一眾港英政府軍政要員親身前往半島酒店的三樓三百三十六號室的日軍總司令部投降，並簽下降書。香港正式進入日佔時期。

英軍投降後，在戰事中手臂受傷的博沙少校於治療後與一眾遠東聯合局同袍成為階下囚，被囚禁於集中營內。[36]

註釋

1　華人百科：《華盛頓海軍條約》，https://www.itsfun.com.tw/ 華盛頓海軍條約 /wiki-6584696-2030576（瀏覽日期：2017 年 11 月 7 日）。

2　邱逸、葉德平、劉嘉雯：《圍城苦戰：保衛香港十八天》（香港：中華書局，2013），頁 33。另見鄺智文：《老兵不死：香港華籍英兵》（香港：三聯書店，2014），頁 78。

3　*Hong Kong Administrative Report*, 1938, Section P.

4　見《華僑日報》，1939 年 9 月 12 日，第二張第一頁，〈香港婦女防空聯合會婦女防毒班，今晨二次舉行防禦毒氣實習〉條。

5　*Hong Kong Administrative Report*, 1938, Section P.

6　高添強：《香港戰地指南》（香港：三聯書店，1995），頁 33－40。

7　Henry Collingwood-Selby, *In time of war: Lt. Cmdr. Henry C.S. Collingwood-Selby, R.N. (1898-1992) and others* (Hong Kong: Proverse Hong Kong, 2013), pp.212-213.

8　Peter Elphick, *Far Eastern File: The Intelligence War in the Far East 1930-1945* (Hodder & Stoughton: Coronet Books, 1997), p.94.

9　Ibid, p.94.

10 Ibid, p.94.

11 防衛研修戦史室:《香港・長沙作戰》(東京:朝雲新聞社,1977),頁 30。

12 同上,頁 32。

13 同上,頁 48。

14 同上,頁 101。

15 Peter Elphick, *Far Eastern File: The Intelligence War in the Far East 1930-1945*, pp.95-96.

16 Denis Rollo, *The Guns and Gunners of Hong Kong* (Hong Kong: The Gunners' Roll of Hong Kong, 1991), p.127.

17 Ibid, p.128.

18 Ibid, p.128.

19 Clifford Matthews, "Life Experience: From Star Ferry to Stardust", in Clifford Matthews and Oswald Cheng (eds.), *Dispersal and Renewal: Hong Kong University During the War Years* (Hong Kong: Hong Kong University Press, 1998), p.231.

20 Brereton Greenhous, *"C" Force to Hong Kong: A Canadian Catastrophe 1941-1945* (Toronto, Buffalo, NY: Dundurn Press, 1997), pp.37-39.

21 鄺智文、蔡耀倫:《孤獨前哨:太平洋戰爭中的香港戰役》(香港:天地圖書,2013),頁 170－174。

22 Battle Progress Report of 228 Japanese Inf. Regt., Hong Kong (Narrative by Col. Doi) Also statement by Gen. Shoji.

23 Henry Collingwood-Selby, *In time of war: Lt. Cmdr. Henry C.S. Collingwood-Selby, R.N. (1898-1992) and others*, p.193.

24 Denis Rollo, *The Guns and Gunners of Hong Kong* , pp.128-129.

25 Ibid , p.129.

26 《香港・長沙作戰》,頁 113。

27 Denis Rollo, *The Guns and Gunners of Hong Kong*, p.130.

28 《香港・長沙作戰》,頁 120－121。

29 Denis Rollo, *The Guns and Gunners of Hong Kong*, p.130.

30 *A Record of the Actions of the Hong Kong Volunteer Defence Force Corps in the Battle for Hong Kong December, 1941* (Hong Kong: Lawspeed, 1989), p.12.

31 Ibid, p.12.

32 《香港‧長沙作戰》，頁 124。

33 同上，頁 142。

34 Denis Rollo, *The Guns and Gunners of Hong Kong*, p.130.

35 香港海軍会：《香港海軍の年譜》（東京：香港海軍會，平成元年），頁 42。

36 Peter Elphick, *Far Eastern File: The Intelligence War in the Far East 1930-1945* , p.96.

昂船洲上的生死諜戰

1920 年代，亞太地區處於一個勢力不均等的情況。第一次世界大戰後，美國成為世界第一經濟強國，日本則以「英日同盟」的名義，對德宣戰，出兵攻佔德國在山東膠州灣的租借地，戰後國力因此有長足的發展。原為世界霸主的英國，雖然是戰勝國之一，但戰爭使其元氣大傷，經濟大受影響而呈現衰退跡象。這場大戰，也削弱了法國、意大利、德國等的實力。

　　1921 年 11 月 12 日至 1922 年 2 月 6 日，列強在美國首都舉行華盛頓會議，為亞太地區建立新秩序。美國、英國、日本、法國、意大利、荷蘭、比利時、葡萄牙、中國共九國代表在會上商討限制海軍軍備問題，以及太平洋和遠東問題。限制軍備委員會由英、美、日、法、意五個海軍大國參加，而太平洋及遠東問題委員會則有九國代表參加。

　　經過三個多月磋商，限制軍備委員會參與國在 1922 年 2 月 6 日年簽訂《華盛頓海軍條約》，規定各個簽約國戰艦、巡洋艦的總噸位比率。同時，對主力艦的建造、輪替、噸位和武器都作出了嚴格的限制。這個條約規定的比例有利於美國和英國，但是日本在北太平洋地區得到更大好處，主要是該條約的內容還包括美國保證不擴大其在菲律賓、關島、威克島或阿留申群島的海軍設施，英國則保證不擴大其在香港的海軍設施。

　　隨着各國簽訂條約，英日兩國在 1902 年締結的《英日同盟》(*Anglo-Japanese Alliance*) 亦因此而終止。日本在華盛頓會議上，已被視為亞洲的軍事強國，英美兩國亦視其為一個威脅，因此極需要透過情報收集以窺探日本的實力和向外擴張的意圖。

1935 年一支皇家海軍驅逐艦隊經鯉魚門駛離香港，一年後日本退出《華盛頓海軍條約》。

....

日本在香港的間諜活動

　　早在 1939 年末，日本大本營陸軍部與支那派遣軍總司令部已派人到香港收集情報，以及窺探英軍動向，而負責這項任務的是大本營陸軍部第八課（宣傳謀略課）及其軍事課課長岩畔豪雄大佐。[1]

　　岩畔豪雄（1897－1970）出生於廣島縣安芸郡倉橋島，陸軍士官學校三十期畢業。1918 年 12 月，他以步兵少尉軍職，派往步兵第十六連隊。蘇俄爆發十月革命期間，岩畔豪雄隨軍出征西伯利亞，駐防興凱湖區。同年，步兵第十六連隊回國後，他被調往台灣步兵第一聯隊，隨部隊駐防台中。

岩畔豪雄後被選拔入讀陸軍大學，並於 1926 年 12 月畢業。畢業後被委派到陸軍物流整備局管理課工作。1930 年，他參加以橋本欣五郎中佐為首的櫻會。櫻會是一個以陸軍青年將校為主的會社，以「研究國家改造方案」為該會宗旨。[2]1931 年三月事件[3]和十月事件[4]發生後，櫻會解散。

　　九一八事變後，岩畔豪雄調職為關東軍參謀，負責「滿洲國」的組織、整備和產業等經濟事務。1936 年 8 月，他調為陸軍省軍務局課員和擔任二二六事件軍法會議調查員。[5]

　　與此同時，岩畔豪雄亦展開對外國大使館的竊聽和郵政檢查、研究製造偽鈔等諜報活動。同年，他向參謀本部提交《諜報，謀略的科學化》意見書而引起陸軍部對他的注意。1937 年 8 月，他晉升為步兵中佐，同年 11 月出任參謀本部第八課主任科員，而當時的課長是影佐禎昭大佐。[6]

　　影佐禎昭曾參與指導侵華戰爭，1937 年 11 月，他受陸軍大臣板垣征四郎委託，前往上海聯合青幫、紅幫一起販賣鴉片，所得資金用以補充關東軍軍費。影佐禎昭亦參與創辦興亞院，和今井武夫一起與汪精衛的代表高宗武、梅思平在虹口重光堂秘密簽訂《日華協議記錄》。1939 年 4 月，他護送叛逃至越南河內的汪精衛返回上海。1940 年 3 月，汪精衛的「國民政府」成立後，他擔任最高軍事顧問。

　　1938 年，岩畔豪雄與秋草俊、福本龜治創辦了陸軍中野學校，這是一所專門培訓和教導間諜和反間諜的軍

校。[7] 1939 年 2 月,他升為軍事課課長,軍階晉升為步兵大佐。[8]

隨着廣州在 1938 年淪陷,為了窺探英國在香港的情況,日本情報機關開始派遣情報人員喬裝為華人潛入香港進行間諜活動。[9] 大本營參謀瀨島龍三(1911－2007)亦曾喬裝為三井物產職員到香港進行偵察。回國後,他向軍方提交了《香港攻略概要》,列出了進攻香港初期的側面支援和擾亂工作,包括:(一)阻止英軍炸毀主要道路;(二)嘗試設置道路標示,引導人員向港口進發;(三)阻礙英軍兵力調動;(四)破壞發電廠、電話機房、電車廠、供水系統等設施;(五)炸毀電影院;(六)透過當地幫會,收集英軍陣地、防務、警備資料。[10]

除瀨島龍三外,1940 年 1 月 6 日,坂田誠盛亦化名為「田誠」潛入香港,與香港的幫會組織了天組和佑組進行地下間諜活動。坂田誠盛畢業於北京大學,曾在滿洲鐵道株式會社任職。坂田誠盛在香港活動時間並不長久,5 月 12 日便被香港警方拘捕。[11] 囚禁期間,他在本地幫會協助下,於 25 日成功逃脫,並潛逃至澳門繼續他的諜報工作。[12]

香港淪陷後,一些在戰前僑居香港的日本人相繼以軍人身份出現,包括在香港酒店經營理髮店的山下氏、在灣仔經營體育用品店的水野氏。前者是一名海軍中佐,後者是一名陸軍中佐。[13]

1938 年 10 月廣州淪陷，日軍在海珠橋設置哨崗搜查往來行人。

盟軍情報網的建立

英軍在太平洋地區收集情報始於第一次世界大戰後。1920 年代，英國設立的政府密碼破譯學校（Government Code and Cypher School）的日語職員包括兩名專業人士，並由一名海軍軍官充當聯絡官。[14] 以往基於《英日同盟》的關係，雙方都盡量培養一批能操雙語的人員，以便在和平時加強溝通，在敵對時刺探對方意圖。[15]

雖然校內為數約十多名人員已能掌握日語，但部分海軍高層卻認為再投放資源在語言訓練，會導致受訓人員漠視其他海軍核心訓練。[16] 相比起皇家海軍，英國陸軍卻較為進取。自 1903 年至 1937 年，他們約有一百三十名軍官已能掌握日語，為緊張的局勢做好準備。[17]

為進一步收集日軍情報，1935 年英國軍方在香港成立了一個密碼分析小組（cryptanalysis unit）。該小組與情報截聽站（intercept station）一樣，皆位處昂船洲上。該小組最初稱為聯合情報局（Combined Intelligence Bureau），後更名為遠東聯合局（Far East Combined Bureau）。遠東聯合局專責收集日本海軍和外交的通訊密碼，並且成功預計中日雙方會在 1937 年開戰。[18]

除華南地區，上海亦是英國收集情報的地方。在英國本土，政府密碼破譯學校分別設於倫敦和布萊奇利市內的「布萊奇利大宅」（Bletchley Park）。兩所學校提供了高度破解密碼資料，以便軍情六處能向軍方和政府提

供更準確的情報。[19]

第二次世界大戰前，軍事通訊主要依靠無線電情報（wireless telegraphy intelligence）。無線電情報包括地點鎖定（direction finding）、通訊路線，以及密碼分析（cryptanalysis）。在英國國防系統內，主要由皇家海軍的Y小組負責此項工作。全球五十九個海軍的地點鎖定中心之中，有十四個是直接支援遠東聯合局的。以北太平洋為例，皇家加拿大海軍在 1939 年 8 月應英國海軍部要求，在埃斯奎莫爾特（Esquimalt）收集任何日本海軍的訊息。有見及此，皇家加拿大海軍遂在埃斯奎莫爾特鄰近的哥頓克特（Gordon Head）興建大型的高頻率地點鎖定（high-frequency direction-finding）設施。[20]

1938 年 8 月，當遠東聯合局從香港遷往星嘉坡的時候，英軍在環太平洋地區的情報網已經成型。整個情報網包括昂船洲、英國駐華部隊、澳洲海軍基地、紐西蘭基地、諾魯、埃斯奎莫爾特和孟買。它們互相聯繫以支援遠東聯合局的無線電情報工作。[21]

為了精確地瞭解日軍動向。縱然遠東聯合局和政府密碼破譯學校人手非常緊絀，但仍全力破解兩套日本密碼：B 型外交密碼（Type B diplomatic code）和五位數字密碼（5-Numeral code）。[22] 此外，英國、英國海外自治領地、荷蘭和美國的情報機關亦因應亞洲地區的軍事情況而加強合作。戰略分析和情報報告在英國海外自治領地內已經是互相交換，並且提交至英屬太平洋海軍情報組織（British's Pacific Naval Intelligence Organisation），以及遠東地點鎖定組織（Far East Direction-finding

Organisation）。[23]

自 1940 年末，美國開始與英國合作，並且在翌年 3 月，雙方開始交換已破解的日本密碼。1941 年 5 月，位處星嘉坡的遠東聯合局與駐菲律賓的美國海軍 C 情報中心合作。在此之前，遠東聯合局已經和皇家荷蘭海軍在荷屬東印度群島萬隆市被稱為 14 室（Kamer 14）的情報單位交換情報。環太平洋地區的盟軍情報網亦因此更見規模。[24]

綜合各類情報和船隻航行路線後，1941 年 6 月期間，英國情報機關已經掌握了日本海軍的情況。皇家加拿大海軍追蹤日本商船在北美洲的運作情況，並與其他情報作互相引證，得出的結果更優於比英國駐美國的英國安全協調（British Security Coordination）的成果。[25]

英國

早在 1920 年代，皇家通訊軍團（Royal Corps of Signals）已在香港設立了一個小型的截聽中心。[26]

1927 年，英國陸軍在上海建立了上海情報辦公室（Shanghai Intelligence Office）。上海情報辦公室是上海公共租界的上海自衛隊（Shanghai Defence Force）內的一支，總部設於英國領使館內，由一名精通日語的二級參謀（GSO2）和一名精通華語的三級參謀（GSO3）負責日常運作。上海情報辦公室與英國駐當地的軍情機關有着緊密聯繫。[27]

1935 年，英軍在天津設立了華北通訊部（North

China Signals Section），由皇家通訊軍團負責管理，常設有十四名至二十四名軍事人員，由一名陸軍上尉或陸軍中尉統領，並有四名文職人員，包括在當地受聘的華人。[28]

華北通訊部的職責，主要是要截聽當地的日本使領館與日軍的通訊。另外，亦截取一些昂船洲難以截取的訊息。大部分截聽得來的訊息，仍是由在香港的遠東聯合局負責破譯。華北通訊部亦肩負起英國駐天津部隊的通訊處和駐北平領事館的後勤通訊處，與駐香港英軍司令部、上海自衛隊，以及英國軍部有所聯繫。華北通訊部亦恆常地與皇家海軍駐華部隊通訊。[29]

抗日戰爭爆發後，華北通訊部所截聽的訊息與日俱增，1935 年所截聽的訊息數量是平均每月達兩萬一千四百條，1936 年只略升百分之十，1937 年卻以倍數升幅。[30] 隨着華北地區戰情漸趨緊張，華北通訊部在 1939 年末至 1940 年初結束運作。[31]

與此同時，皇家海軍除了在上海設置情報人員外，亦在星嘉坡和香港設立軍情機關。除了主動監察海上航運活動外，亦透過由英國人管理的中國海關總稅務司來收集航運資料。[32]

在遠東地區，英國在香港設立了一個觀察團，一直運作至太平洋戰爭爆發。第二次世界大戰後，一份由美國駐英大使發給國務卿詹姆斯・伯恩斯的文件中指出，香港曾經截聽到代號為「風」（winds）的密碼，但卻指出香港應該是在戰爭爆發後才截獲該訊號。[33]

英國在遠東地區的情報機關主要是在星嘉坡運作。以「風」為例，香港截聽到訊息後，亦會將訊息轉往星

嘉坡做破譯。駐守在星嘉坡的人員，不但要懂得日語，
亦要懂得日本摩斯密碼。[34]

加拿大

1925 年，皇家加拿大海軍於卑詩省埃斯奎莫爾特設
立一個測向中心（direction-finding (D/F) station），作
為皇家海軍在環太平洋地區的情報收集網絡之一。[35] 整
個北美洲境內，來自遠東的電報必須途經溫哥華。早在
1939 年，加拿大政府已在此蒐集有用的訊息，[36] 所蒐集
的訊息亦會送往英國軍情五處（MI5）。[37]

1941 年中旬前，加拿大並未得知美國的情報收集活
動和密碼破解工作，因此加拿大嘗試蒐集日本情報的工
作。當時日本在渥太華設有使領館，加拿大亦因利乘便複
印其電報供加拿大國家研究局（National Research Council
of Canada）的調查小組（Examination Unit）研究。[38]

加拿大國家研究局的調查小組是由益利（Herbert O.
Yardley）主持。[39] 1941 年 10 月，加拿大成功破解了日本
密碼。雖然這只是低級至中級的密碼，[40] 但這是加拿大
首次成功自行破解。加拿大成功自行破解密碼，亦有利
它為戰爭作準備。加拿大國會曾利用該等資料來討論軍
備的種類和生產量。[41] 另外，亦用作衡量派兵到遠東地
區的可能性。[42] 除了情報外，加拿大政府亦從日本的報
章和社論中窺探日本的意向。[43]

隨着亞太地區戰雲密佈，加拿大政府駐港人員開始
提交一份題為《香港海陸空三軍情報報告》（*Hong Kong*

Naval, Military, and Air Force Intelligence Report）的每月匯報。該報告書提供了香港時事簡報直至 1942 年 2 月。[44]

除了政經事項，《香港海陸空三軍情報報告》亦談及日本的外部擴張。1941 年 1 月的報告內，提及日本海軍艦艇向南駛往越南西貢。這可證明日本對法屬印度支那感到興趣。報告亦暗示日本軍政界，極有可能因松岡洋右的好戰性、首相近衞文麿未能有效地控制右翼極端分子，以及英美兩國援助蔣介石而導致日本向英美開戰。[45]

1941 年 5 月，《香港海陸空三軍情報報告》指出日本的改革派有可能發動另一次暗殺行動。由此可見，日本的領導層憂慮安全受到威脅。[46] 同年，報告亦指出日本勢力已向南伸展，但亦表明日本因在中國戰場上消耗了兵力和經濟上的損失，而未必能夠「安全地」向緬甸、馬來亞、荷屬東印度群島展開進攻。此外，英國亦樂見中日戰爭持續，並表示「當英國戰勝德國後，會履行承諾向華給予援助，因此希望蔣介石繼續戰鬥」。[47] 報告亦指出美國對英國的支持，亦使日本對發動太平洋戰爭感到猶疑。

報告更剖析日本空軍裝備難以與盟軍匹敵，文中表示：「日本空軍軍官，除非有德國專家指導，否則是沒有能力面對有分量和持久的空戰。」[48] 日本空軍在中國戰場上所向披靡，皆因是對手戰力薄弱。

1941 年 6 月的《香港海陸空三軍情報報告》，除了評論歐洲戰事，以及日本與蘇聯的關係外，亦指出自日本與荷屬東印度群島的貿易會談中斷後，日本海軍在香港北面的活動漸趨頻密，並且記錄得一隊船隊駛往澎湖

群島，這顯示出日本當局是要向中、英、美、荷四國炫耀武力。[49]

同年 7 月的《香港海陸空三軍情報報告》，亦確定了因日軍已佔領了法屬印度支那（French Indochina），所以遠東地區的政治焦點已轉移至該處。英國軍部正研究日軍的動向，包括它會向南推進，還是向北擴張。但相信日本因受美國凍結其海外資產，會作出快速反應。但英軍在推算日軍的意圖亦面對困難，因日軍同時在滿州和印度支那擴充軍力。英軍確信德軍在蘇聯戰場上的勝負會左右日軍開戰與否的決定。[50]

報告書亦提及香港的情況，指出日本海軍潛艇恆常地在香港鄰近水域游弋，而英、美、荷三國正觀察日本的下一步行動。報告書亦盼望三國在東南亞和太平洋的海軍力量能夠發揮震懾作用，使日本軍方放棄繼續向南擴張。[51]

9 月份的《香港海陸空三軍情報報告》詳細報告了日本海軍的聯合艦隊仍在日本國內，而香港鄰近水域的日軍活動亦相對減少。報告指出：「香港邊界非常平靜，相信日本軍隊數量只有約五千人。」報告亦指出，日軍為其在東南亞的擴張已做好準備。[52]

1941 年 11 月的《香港海陸空三軍情報報告》確定了日本放棄向北擴張，在中國戰場上亦沒有任何大型行動，所以判斷其將會向南進攻，尤以攻擊滇緬公路和向泰國推進成了主要目標。但是英國的評論指出，雖然日本國內的主戰派勢力抬頭，但仍然相信日本領導層會避免進攻泰國。[53]

在羅湖橋對峙的英日軍人，攝於 1939 年 8 月。

澳洲

　　第二次世界大戰前，澳洲在情報收集方面，只扮演一個微細的角色。基於它的情報收集機關並不完善，所以澳洲倚賴英國提供與它有關的情報。另外，只有少數澳洲軍事人員對情報收集工作感到興趣，亦窒礙了其情報蒐集工作的發展。[54]

　　雖然只扮演微細的角色，但是澳洲亦在四個地點設立截聽中心，包括達爾文、坎培拉、布利斯班和墨爾本。[55] 當中墨爾本的截聽中心在 1939 年建立，主要是截聽日本與設於南洋群島上的南洋廳的通訊。[56] 南洋群島位處澳洲北面，第一次世界大戰後，日本根據《凡爾賽條約》以戰勝國身份分配得這片前德國殖民地。日本在

南洋群島設置南洋廳作為其統治的行政機關。

　　1940 年，澳洲政府成立了情報收集機關，亦成功招攬了來自軍方和學術界的人士參與。[57]1941 年初，尼夫海軍主計中校（Paymaster-Commander Eric Nave, 1899－1993）與一班來自雪梨大學（Sydney University）的工作者，全職地研究日本使領館和外交人員的通訊。1941 年中旬，所有來自雪梨大學的工作者轉職至尼夫掌管的特別情報局（Special Intelligence Bureau）。當時協助尼夫的包括來自皇家澳洲海軍的米勒海軍補給上尉（Paymaster Lieutenant K. G. Miller）、占米遜海軍補給上尉（Paymaster Lieutenant A. B. Jamieson），來自陸軍的朗菲爾德・萊特中尉（Lieutenant I. H. Longfield Lloyd），以及來自雪梨大學的舒韋嘉少校（Major A. P. Treweek）、朗姆教授（Professors T. G. Room）、燦黛（A. D. Trendall）和里昂斯（R. J. Lyons）。[58]

　　基於人員缺乏，負責破解密碼的團隊只能充當支援政府密碼破譯學校和遠東聯合局的工作。雖然如此，澳洲的破解密碼團隊仍能破解日本駐澳人員所使用的密碼，並將已解密的訊息轉給英美兩國。[59]

　　澳洲情報機關與遠東聯合局有着緊密的聯繫外，亦與皇家荷蘭海軍在荷屬東印度群島的「14 室」恆常地交換情報。[60] 但是英國政府卻指令澳洲不得直接將所得情報交給美國，只能透過遠東聯合局轉達。英國自治領地部（British Dominions Office）甚至發出明確指令，表示「極密資料不能交給美國的觀察員，只能透過星嘉坡的遠東聯合局來交換」。[61]

荷屬東印度群島

荷屬東印度群島位處東南亞，蘊藏大量石油與天然資源，因此作為宗主國的荷蘭在島上設有情報收集站，透過截聽來瞭解日本在該地區的活動。最初荷蘭軍方只是嘗試獨自破解密碼，及後與西方盟友合作來提高效益。[62]

荷蘭軍方破解密碼工作是由華古爾上校（Col. J. A. Verkuyl）統領，14室小組由亨寧上尉（Capt. J. W. Henning）領導，成員只有三名。14室小組於1933年成立於萬隆市，1934年，一隊只有兩名海軍成員的支援小組在巴達維亞（Batavia）成立。[63]

負責情報工作的14室位處萬隆工業學院內，最初只是小規模運作。當戰爭臨近時，14室曾招募五十名工業學院的數學和工程學師生協助工作。[64] 縱使人手缺乏，14室仍能成功地截取所需訊息，[65] 並與遠東聯合局和澳洲情報機關交換情報。[66]

美國

美國在兩次世界戰之間的情報收集工作未算十分完善，它在戰前並沒有一個完備的情報收集網絡，只能依靠對外使領館透過不同渠道蒐集資料。此外，情報機關同時面對資源短缺和情報系統不完整等致命傷。[67]

雖然面對資金短缺，但美國亦透過不同渠道收集各方面的訊息，如商業活動或海軍外訪等機會。1937年抗日戰爭爆發後，美國意識到收集情報的重要性而加強工

作，甚至派出間諜前往日本。[68] 當中最顯著的例子是一位歷史學者發現了三菱重工業的長崎造船所興建了新的建築物，並以大型布帳圍起船塢，令外界難以窺探建造中的武藏號。1939 年，日本停止了外界造訪軍港後，美軍只能透過一些往日本旅遊的遊客身上獲取有用的照片。[69]

美國在無線電情報收集和破譯方面，雖然往往取得佳績，但亦是缺乏一個中央統籌機關。在 1922 年《華盛頓公約》談判期間，美國的無線電情報人員收集和破譯了超過五千條外國電碼，使美方談判人員得到更大的幫助。[70]

雖然情報和破譯工作取得成果，但是美國國務院仍在 1920 年代解散了負責密碼破譯的團隊。美國海軍和陸軍只能維持一支小型的情報收集和密碼破譯編隊。當中海軍情報組（Fleet Intelligence Unit）在 1935 年依附於駐守上海的海軍陸戰隊第四團（4th Marines）。該情報組在 1940 年因中國局勢漸趨緊張而遷往菲律賓和關島。[71] 除了海軍情報組外，另一支隸屬美國海軍的 20-G 破譯小組，亦只有約一百名職員。[72]

如同美國海軍一樣，美國陸軍同樣面對人手缺乏和資源減少的情況。縱使美國陸軍的破譯小組曾成功破譯日本的「紫碼」（Purple code），但未受當局重視。[73]

遠東聯合局

在遠東地區，最初只有航海電訊（ship's radios）。無線電通訊是以短波傳送，波段約十米至一百米，並透

過電離層（Heaviside Layer）來反射，使訊息能夠產生長距離傳送。當時無線電仍處於萌芽狀態，日本政府和軍方對通訊往來的安全亦不見得嚴謹，部分往來的訊息是以密碼傳遞，但大部分恆常往來的訊息，卻以普通語句傳遞，英國因此而得到一些有用的基本訊息。[74]

1927年，英軍情報機關主要是針對日本海軍和航運機構。因此英國當局能夠全盤掌握每一艘船隻的代號、無線電頻率等資料。再加上日本海軍的密碼亦被破譯，使政府密碼破譯學校能詳細地瞭解艦艇與艦艇之間的通訊，以及日本海軍司令部與艦艇之間的聯繫。[75]

1934年，政府密碼破譯學校的海軍小組進行擴充，以應付破譯日益增加的日本海軍訊息。而位於昂船洲的截聽中心，正肩負起蒐集日方無線電訊息和情報的工作。為使工作更有效率，政府密碼破譯學校在香港成立了支部，更直接參與工作。時為海軍部副海軍情報處處長的泰達海軍上校（Captain Campbell Tait, Deputy Director of Naval Intelligence at the Admiralty）親臨香港，監督整個建立過程，該支部稱為遠東聯合局。[76]

遠東聯合局的指揮權主要隸屬皇家海軍駐華部隊司令官，由皇家海軍負責主要工作，陸軍和空軍派遣少數官兵協助。當中亦有少數文職工作由本地人出任。[77]

遠東聯合局是由窩拿海軍上校（Captain J. W. A. Waller）負責建立。窩拿的官方職銜是皇家海軍駐華部隊司令官副官（Captain on the Staff, C-in-C, China Fleet），但他亦具備另一個身份：總情報官（Chief-of-Intelligence-Staff）。窩拿除了向皇家海軍駐華部隊司令官匯報外，亦

1930 年代昂船洲設有截聽中心，以蒐集日軍的無線電訊息和情報。

向英國海軍情報科科長（Director of Naval Intelligence）
匯報。[78]

　　遠東聯合局成立初期，面對種種困難，當中包括資
金和人事兩方面。人事方面，各軍種長期競爭，使局內
海、陸、空三軍成員各自為政，衍生出不協調的情況。[79]
歐洲的政治和軍事混亂局面，亦令英國的資源主要投放
於國內，因而影響了遠東的情報收集工作。[80]

　　雖然面對種種困難，但遠東聯合局仍能截聽到重要
訊息，當中包括 1936 年柏林和東京的通訊中，提及一名
德國人喬裝成鋼具家俬商人在檀香山為日本從事間諜活
動。所得資料包括他的家庭收入、支出、人壽保險等。[81]

　　1937 年秋季，國際形勢漸趨緊張，英國海軍決定
委派尼夫海軍主計中校到香港的遠東聯合局從事破譯工
作。與此同時，倫敦的政府密碼破譯學校亦成立了一支

尼夫中校

日語破譯團隊，負責破解密碼和重組密碼對照表，而具備深厚的日語才能的軍官仍然需要負責破譯更重要的密電。[82]

出生於澳洲的尼夫，1917 年入伍加入皇家澳洲海軍。1920 年代，當他在當見習軍官期間，軍部指令他學習第二語言。尼夫選擇了學習日語為主，並附加了法語和德語。1921 年至 1923 年間，尼夫因調派往英國駐東京大使館工作而曾在日本短暫生活了兩年，並且在當地學習日語。完成學習後，1925 年轉至皇家海軍的情報小組服役。1927 年，他調往政府密碼破譯學校。[83]

1930 年，尼夫被派往遠東聯合局工作，曾駐守在香港和星嘉坡。1940 年因病返回墨爾本休養期間，被曾在英國駐東京大使館當海軍隨員的高雲海軍上校（Captain Ragnar Colvin）邀請在維多利亞軍營為皇家澳洲海軍成

立密碼小組。該小組成員包括軍方人員、大學講師和畢業生。[84]

尼夫是以中校翻譯官的身份來掩飾他在遠東聯合局的真正身份。他的工作地點位於海軍船塢。在破譯工作方面，基於皇家海軍在昂船洲設有大型接收站，因此以皇家海軍為主導，皇家空軍和陸軍只派員聯絡，處理與他們相關的少量訊息。[85]

尼夫抵港後的首項工作是拜會大東電報局轄下的東方電訊公司（Eastern Telegraph Company），要求所有往來日本使領館的電訊，遠東聯合局都會獲得一份副本。[86]而尼夫抵達香港的消息亦同時驚動了日方，在首批被破譯的日本駐港使領館訊息內，當中一份是使領館向東京匯報一名精通日語的英國軍官尼夫抵達香港，而且位於昂船洲的接受站亦加派了人員。[87]

雖然香港只是一個蕞爾小島，但作為一個華洋雜處的都會，消息流傳快不足為奇。如果日方從一些水手或在昂船洲工作的華工身上打聽到一些消息仍可理解的，但如果消息是從軍部高層中流出，卻是非同小可。

為了找出洩漏機密的源頭，尼夫刻意將消息隱藏，並開始透過遠東聯合局的發放渠道放出一些稱為「鋇餐」（barium meals）的虛假訊息，以圖達致「引君入甕」的效果。經過多次「鋇餐」的發放，尼夫鎖定了洩漏機密的途徑和相關人物。當中涉及的人物，包括遠東聯合局行政部門主管路殊卜基海軍上校（Captain Edmund G. N. Rushbrooke）的夫人。

路殊卜基夫人的朋友中，有一名居港的意大利籍女

士，海軍情報人員及後發現該名意大利籍女士，是一名由墨索里尼（Benito Mussolini）的女兒入伊達‧斯安奧（Edda Ciano）在上海招攬的間諜。尼夫亦注意到該名女士與多名駐港英軍軍官的配偶相熟。當尼夫抵港後，曾有一名陸軍軍官配偶在晚會場合中打聽尼夫在香港的工作。[88] 除此之外，由於尼夫在日本生活了一段時間，並且精通日語，以及曾充當翻譯官，因此日方已掌握了他的資料。[89]

自抗日戰爭爆發後，遠東聯合局所截聽到的訊息與日俱增。遠東聯合局從訊息中洞悉了日軍的計劃和攻擊路線，包括七七事變、一二八事變，以及對廣州的攻擊。[90] 日本的訊息主要是內閣（War Cabinet）決議後，使用三軍總司令密碼送出。當遠東聯合局截聽到訊息後，會使用藍書密碼簿（Blue Book）進行破譯。破譯的訊息，包括船艦數目、軍隊番號、登陸地點、行軍路線等重要資料。[91]

直至 1939 年，海軍部在昂船洲建立名為 Q 的大型截聽中心，才改變了整個運作模式。以 Q 為代號，主要是 Q 代表「秘密」的符號。Q 截聽中心是由政府密碼破譯學校負責操作，主要工作是收集與日本有關的情報。[92]

位於昂船洲的情報收集站，收集所有日本船隻的訊息。雖然英國得知日軍的意圖和部署，但並未將所得訊息通知中國。這有可能是政府密碼破譯學校不想日本得知其密碼已被破譯。[93] 抗日戰爭給予英國在近距離監察日本密碼通訊運作的方便，亦為政府密碼破譯學校和遠東聯合局提供了不可多得的破譯訓練機會。[94]

1939 年 5 月，遠東聯合局與美國海軍負責破譯的

1930 年代後期的昂船洲，注意沙灘盡頭處的是無線電塔。

....

OP-20-G 同時獲悉日本海軍將會使用一套名為海軍暗号
書 D 的新密碼。新密碼於同年 6 月 1 日開始使用，但是
部分艦艇在未接收新的密碼對換書前，仍繼續使用藍書
密碼簿。[95]

　　由於海軍暗号書 D 和藍書密碼簿的更替時間出現
重疊，這正好給予尼夫和他的同僚破譯和研究海軍暗号
書 D 的機會。經過遠東聯合局和政府密碼破譯學校的努
力，海軍暗号書 D 成功被破譯，而遠東聯合局稱破譯本
為五位數行動密碼（Five-Figure Operation Code）。[96]

　　同年末，遠東聯合局和政府密碼破譯學校又成功讀取
名為 JN-25 的日本海軍密碼。該密碼是日本海軍部與艦艇

及個別海軍基地通訊之用。此外，亦能讀取大使的海軍隨員所用的通訊密碼，以及三軍司令密碼等。[97]

由於遠東聯合局的工作量開始繁重，其重要性亦與日俱增，因此英國政府決定於 1939 年將它遷往星嘉坡。尼夫在 1939 年 8 月離開香港調往星嘉報。而位於昂船洲的大型截聽中心仍然保持運作，英軍同時在星嘉坡克蘭芝興建另一座截聽中心。[98]

香港淪陷後，駐守在昂船洲截聽中心的人員皆成了戰俘，當中包括隸屬皇家紐西蘭後備海軍（Royal New Zealand Naval Volunteer Reserve）的迪臣海軍上尉（Lieutenant Charles Dixon）。雖然迪臣在 1941 年 12 月 8 日太平洋戰爭爆發時，成功截聽和破譯日本偷襲珍珠港的訊息，但為時已晚。[99]

註釋

1 朱德蘭:〈從日本軍方檔案看日軍占領香港及破獲諜報組織之經過〉,載中華檔案暨資訊微縮管理學會編:《1996 年海峽兩岸檔案暨微縮學術交流會論文集》(台北:國史館,1996),頁 76。

2 兵頭二十八:《兵頭二十八軍学塾・近代未満の軍人たち》(東京:光人社,2009),頁 186-194。

3 三月事件是指 1931 年 3 月 20 日,日本軍隊中層軍官策劃的政變企圖。後因對群眾缺乏無號召力,以及櫻會內部意見不一和統治階層內部支持者不多,所以未能得逞。

4 十月事件是櫻會策劃的一次政變,後因計畫洩露而告終。橋本欣五郎等主謀者被捕。

5 宝島編集部:《太平洋戦争秘録・勇壮!日本陸軍指揮官列伝》(東京:宝島社,2009),頁 117-119。

6 岩井忠熊:《陸軍・秘密情報機関の男》(東京:新日本出版社,2005),頁 101。

7 松浦行真:《人間・水野成夫》(東京:サンケイ新聞社出版局,1973),頁 300-328、384、385。

8 宝島編集部:《太平洋戦争秘録・勇壮!日本陸軍指揮官列伝》,頁 117-119。

9 朱德蘭:〈從日本軍方檔案看日軍占領香港及破獲諜報組織之經過〉,頁 76-77。

10 阿部ブログ:《香港攻略作戦に伴う瀬島龍三の潜入偵察と興和機関による情報工作》,http://blog.goo.ne.jp/abe-blog/e/46fa4faeffd8bb10647130ffa8fb6a61 (瀏覽日期:2013 年 3 月 20 日)。

11 朱德蘭:〈從日本軍方檔案看日軍占領香港及破獲諜報組織之經過〉,頁 77。

12 同上,頁 77。

13 Gerald Horne, *Race War: White Supremacy and the Japanese Attack on the British Empire* (New York: New York University Press, 2004), p.129.

14 John Prados, *Combined Fleet Decoded: The Secret History of American Intelligence and the Japanese Navy in World War II* (New York: Random House, 1995), p.170.

15 Roland H. Worth, Jr., *Secret Allies in the Pacific: Covert Intelligence and Code-Breaking Prior to the Attack on Pearl Harbour* (Jefferson, N.C.: McFarland,

2001), p.93.

16 John Prados, *Combined Fleet Decoded: The Secret History of American Intelligence and the Japanese Navy in World War II*, p.170.

17 Ibid, p.170.

18 Timothy Wilford, *Canada's Road to the Pacific War* (Vancouver: UBC Press, 2011), pp.34-35.

19 Ibid, p.35.

20 Ibid, p.35.

21 Ibid, p.35.

22 Ibid, p.35.

23 Jozef Straczek, "The Empire is Listening: Naval Signals Intelligence in the Far East to 1942", *Journal of the Australian War Memorial*, Vol. 35, (December 2001), p.12.

24 ADB Conversations, 27 April 1941, in United States, 79th Congress, *Hearings before the Joint Committee on the Investigation of the Pearl Harbour Attack*, 39 pts. (Washington, DC: US Government Printing Office, 1946), pt. 15, p. 1578.

25 Timothy Wilford, *Canada's Road to the Pacific War*, p.36.

26 Peter Elphick, *Far Eastern File: The Intelligence War in the Far East 1930-1945* (Hodder & Stoughton: Coronet Books, 1997), p.70.

27 Ibid, p.71.

28 Ibid, p.65.

29 Ibid, p.65.

30 Ibid, pp.65-66.

31 Ibid, p.67.

32 Ibid, p.71.

33 Roland H. Worth, Jr., *Secret Allies in the Pacific: Covert Intelligence and Code-Breaking Prior to the Attack on Pearl Harbour*, p.89.

34 Ibid, p.90.

35 Timothy Wilford, *Canada's Road to the Pacific War*, pp.34-35.

36 John Bryden, *Best-Kept Secret: Canadian Secret Intelligence in the Second World War* (Toronto: Ontario Lester Publishing, 1993), pp.8-9.

37 Ibid, p.10.

38 Ibid, p.53.

39 Ibid, p.85.

40 Ibid, 91.

41 Ibid, p.91.

42 Ibid, p.91.

43 Ibid, p.91.

44 Timothy Wilford, *Canada's Road to the Pacific War*, p.60.

45 Ibid, p.61.

46 Ibid, p.65.

47 Ibid, p.66.

48 Ibid, pp.66-67.

49 Ibid, p.68.

50 Ibid, pp.70-71.

51 Ibid, pp.70-71.

52 Ibid, p.103.

53 Ibid, p.147.

54 D. M. Horner, *High Command: Australia and Allied Strategy, 1939-1945* (Canberra: Australian War Memorial, 1982), p.224.

55 Alan Stripp, *Codebreaker in the Far East* (London: Frank Cass, 1989), pp.94-95.

56 D. M. Horner, *High Command: Australia and Allied Strategy, 1939-1945*, p.225.

57 Alan Stripp, *Codebreaker in the Far East*, p.94.

58 Memorandum, Naval Staff to Mr. Douglas Menzies, 12 November 1941, CRS A816, item 43/302/18. Defence Committee Minute, 169/1941. 28 November 1941.

59 D. M. Horner, *High Command: Australia and Allied Strategy, 1939-1945*, p.225.

60 Alan Stripp, *Codebreaker in the Far East*, pp.94-95.

61 D. M. Horner, *High Command: Australia and Allied Strategy, 1939-1945*, p.225.

62 Roland H. Worth, Jr., *Secret Allies in the Pacific: Covert Intelligence and Code-Breaking Prior to the Attack on Pearl Harbour*, p.75.

63 Alan Stripp, *Codebreaker in the Far East*, p.96.

64 John Prados, *Combined Fleet Decoded: The Secret History of American Intelligence and the Japanese Navy in World War II*, p.247.

65 Alan Stripp, *Codebreaker in the Far East*, p.96.

66 Antony Best, *Britain, Japan and Pearl Harbour: Avoiding War in East Asia, 1936-1941* (London: Routledge & London School of Economics, 1985), p.140.

67 Richard J. Aldrich, *Intelligence and the War against Japan: Britain, American and Politics of Secret Service* (Cambridge: Cambridge University Press, 2000), p.32.

68 Ibild, p.33.

69 Thomas A. Mahnken, "Gazing at the sun: The office of naval intelligence and Japanese naval innovation, 1918–1941", *Intelligence and National Security*, Vol. 11, Issue 3 (1996), pp. 426, 429, 431.

70 John Prados, *Combined Fleet Decoded: A Secret History of American Intelligence and the Japanese in World War II* (London: Profile Books, 1998), p.103.

71 John Prados, *Combined Fleet Decoded: A Secret History of American Intelligence and the Japanese in World War II*, pp.46 & 75; Bernard Wasserstein, *Secret War in Shanghai* , pp. 201, 266.

72 Richard J. Aldrich, *Intelligence and the War against Japan: Britain, American and Politics of Secret Service*, p.33.

73 Edward J. Drea, *MacArthur's ULTRA* (Kansas: Kansas University Press, 1992), pp.10-11.

74 James Rusbridger & Eric Nave, *Betrayal at Pearl Harbour* (New York: Touchstone, 1992), p.43.

75 Ibild, p.44.

76 Ibild, p.72.

77 Peter Elphick, *Far Eastern File: The Intelligence War in the Far East 1930-1945*, p.71.

78 Ibid, p.72.

79 Ibid, p.74.

80 Ibid, p.75.

81 James Rusbridger & Eric Nave, *Betrayal at Pearl Harbour*, p.72.

82 Ibid, p.75.

83 D. M. Horner, *High Command: Australia and Allied Strategy, 1939-1945*, p.224.

84 Ibid, *1939-1945*, p.224.

85   James Rusbridger & Eric Nave, *Betrayal at Pearl Harbour*, p.75.

86   Ibid, p.75.

87   Ibid, pp.75-76.

88   Ibid, p.76.

89   Ibid, p.76.

90   Ibid, p.77.

91   Ibid, p.77.

92   Ibid, p.43.

93   Ibid, p.77.

94   Ibid, p.77.

95   Ibid, p.83.

96   Ibid, p.83.

97   Ibid, p.88.

98   Ibid, p.91.

99   Ibid, pp.275-276.

日佔時期的
昂船洲

香港淪陷後，它在日本帝國的定位亦同時產生改變。酒井隆中將成立軍政府期間，當權者並未對香港在「共榮圈」中扮演的角色作出確實的定案，主要原因是東南亞的戰事尚未結束。當星嘉坡淪陷及磯谷廉介抵港履新後，香港的前途才日漸明朗化。首先，香港被定為「佔領地」，在政治層面上，香港將被視為日本的殖民地，其情況與朝鮮及台灣一樣，總督是由宗主國任命。其次，香港的主權亦屬於日本，並沒有歸還香港給汪精衞政權的問題存在。基於它的「佔領地」角色，香港在以日本為核心的「大東亞共榮圈」中的定位只在商業及軍事。

1942 年 2 月，磯谷廉介抵港出任「香港占（佔）領地」總督。

日佔香港的商業定位

自 1941 年末，日本發動太平洋戰爭，其戰線在短時間內迅速擴大，軍用物資的需求，亦因此增加。香港位於日本與南洋的中心點，正好為這個以日本為中心點的東亞國際分工體系扮演中繼的角色。日本理想中的「大東亞共榮圈」是希望各分工體內不同原料的供應地，經互動達成一個以日本為首的地區經濟圈。

表 5-1：日本主要佔領地資源分佈

地區	物資
台灣	米、糖〔戰爭初期〕
	軍用機械〔戰爭中、後期〕
朝鮮	米、電力、輕金屬、鐵合金
滿洲	大豆、鐵、煤
華北	黏土、鹽、棉花
南海諸島	燐礦
印尼	石油、鐵礬土（Bauxite）
馬來亞	橡膠、椰油

（資料來源：Jerome B. Cohen, *Japan's Economy in War and Reconstruction*〔Minneapolis: University of Minnesota Press, 1949〕, p.33；鍾堅：《台灣航空決戰》〔台北：麥田出版有限公司，1996〕，頁 31－32）。

由於香港沒有豐富的天然資源，香港要納入這個地域性分工體，扮演着日本與其他地區物流的中介位置。[1]根據盟軍的敵後報告，香港確實成為了日本與其他地區的物流中心。

表 5-2：香港航運表（1944 年 9 月 1 日至 9 月 12 日）

入港日期	離港日期	船名	由	往	貨物（入口）	貨物（出口）
1/9/44		徐洲丸	新加坡	入塢	煤	
					米	
3/9/44	12/9/44	鵬洲丸	東京	海南島	風動發電機	電線
					電板	電纜
					氧氣缸	
					煤	
					米	
3/9/44	10/9/44	藤川島丸	台灣	緬甸	風動發電機	原油
					防火纖維品	鐵
					電線	炸藥
					米	
					印度麥	
7/9/44	16/9/44	福山島丸	滿州	廣州灣	氧化鈣	糖
					氧氣缸	火柴
					鐵	棉紗
					鐵桿	
					米	
8/9/44	20/9/44	東京丸	滿州	南海	抽水機	發動機
					發電機	電線
					煤	
					碳化錫	
8/9/44		濁洲丸	台灣	入塢	鹽	
8/9/44		八紘丸	台灣	入塢	煤	
					碳化錫	
					炸藥	
10/9/44	21/9/44	瓊島丸	西貢	海南島	潤滑油	
					原油	
					煤	
12/9/44	17/9/44	協和島丸	海南島	台灣	鐵板	鎢
					鐵皮	硫磺
					銀條	
					米	
12/9/44	16/9/44	永富丸	新加坡	不詳	機械配件	
					發動機	

（資料來源：Australian War Memorial，檔號：AWM54 627/6/1）。

日佔香港的軍事定位

　　1942 年 1 月 22 日，東條英機首相在貴族院會議中發表他的「擴展施政方針」，表明將香港和馬來亞建立為防衛據點。[2] 但是日軍並沒有在香港投入大量資源來將香港建立為「共榮圈」的主要軍事要塞。1942 年初，日本已控制整個遠東及東南亞地區，香港並沒有受到盟軍的直接威脅，因此沒有急切需要建築防衛設施。再者，英軍建築的軍事設施，已能充任基本防衛。

　　除啟德機場外，日軍亦善用原有皇家海軍的設施。位於中環的海軍船塢亦在短時間內投入服務。[3] 而日本陸軍亦進駐個別軍營及炮台，如赤柱軍營和昂船洲軍營。[4]

日佔時期停泊於中環海軍船塢的日軍艦艇

除接收英軍設施外，日軍並沒有在香港興建其他大型軍事設施，只是在淪陷後期為防止盟軍在香港登陸，曾興建槍堡、戰壕、觀測台等。[5] 及後，香港只受到盟軍的空襲威脅，駐港日軍的戰略亦有所改變，只在主要據點，如機場、船塢、軍營等，設置防空高射炮。[6]

直接管轄昂船洲

隨着香港淪陷，適用於昂船洲的《昂船洲條例》亦因此而失效，取而代之的是日佔政府頒佈的《總督部令》。《總督部令》是日佔時期日本總督向香港居民公佈的命令和法規。法令自 1942 年至 1943 年間頒佈，包涵了地方行政、軍事、民生、經濟活動等範疇。

與港英政府頒佈的《昂船洲條例》不同，《總督部令》並沒有特別設立一條法令將昂船洲定位。根據 1942 年頒佈的第二十六號〈區制實施〉和第二十七號〈區之名稱位置管轄區域指定〉，昂船洲並沒有併入鄰近的青山區（即深水埗）、大角區（即旺角）、香取區（即油麻地）或荃灣區。因此，淪陷時期的昂船洲或許是由日軍管轄。

日軍管轄地區的法理依據是以《香港占領地總督部軍律》為依歸，1942 年頒佈的《總督部令》第一號〈軍律令〉和第二號〈軍罰令〉成為了適用於昂船洲的律法。1942 年 8 月 14 日，昂船洲易名為向島。

現存文獻對日佔昂船洲的設施和活動記錄並不多，只能根據一些戰時的情報資料和零碎的個人回憶錄推斷島上情況。這些資料，或許能填補該昂船洲在「三年零

八個月」的空白歲月。

盟軍的敵後情報工作

日佔時期，有關昂船洲的訊息並不多，盟軍的敵後報告，亦只是不定期地匯報一些涉及昂船洲的消息，如 1942 年 7 月 21 日，有一批戰俘有可能被送往昂船洲。[7] 另一份匯報，則表示日軍在昂船洲架設了防禦設施，包括 1942 年 10 月 25 日的情報顯示，昂船洲有兩門防空高射炮。[8]

美軍在太平洋的軍事報告，就具體地指出 1944 年末日軍在昂船洲建設的各項軍事設施。

表 5-3：1944 年末昂船洲軍事設施

1.	兩座堤圍、一處控制室、三座其他建築物。
2.	一千呎長的射擊訓練場。
3.	燃料設施：兩座七百呎乘五十呎護牆建築物、一座四十五呎乘三十呎護牆建築物、一座四十呎乘十五呎護牆建築物、四間小屋。
4.	儲存設施：一座九十五呎乘五十呎護牆建築物、五座八十呎乘四十呎建築物，附設六個出入口的二百七十五呎隧道連至位處於昂船洲山溝的七十七號築構物。

（資料來源：Confidential: United States Pacific Fleet and Pacific Ocean Areas Target Information / Hong Kong – Canton, Kwangtung Province – China. CINCPAC – CINCPOA Bulletin No. 142-44, December 15, 1944）。

除了島上設施受到盟軍情報人員偵察外，昂船洲對開水域的航運運作亦是監察目標。據 1944 年 5 月 25 日的監察報告指出，有三艘船隻停泊在港內，一艘停泊在

九龍倉，一艘停泊在 midstream，以及一艘停泊在昂船洲南面水域。同年 6 月 2 日的監察報告亦表示，情報人員目睹兩艘貨船在昂船洲附近水域出現。[9]1945 年 2 月 10 日的監察報告，情報人員更匯報了有四艘約二百三十呎至二百五十呎長的單船艙海軍船隻，在昂船洲西南水域出現。當中三艘二百五十呎長的船隻在該水域監察，其餘一艘則在卸下燃料至一艘木船。[10]

除了情報人員的偵察報告外，逃離香港的市民也為盟軍提供了昂船洲以至香港的情況。1945 年 2 月 24 日的監察報告，引述兩名在 1945 年 1 月離開香港的人士憶述，西環及昂船洲都守衛森嚴，但設置在港島沿岸海灘上的鐵絲網卻嚴重失修。[11]同時，日軍亦繼續使用英軍的堡壘。資料提供者甚至提出，從海面進攻遠較從內陸地方進攻容易。[12]

盟軍空襲昂船洲

因為香港的中繼港角色，驅使盟軍以空襲來打擊這種物流活動，以圖切斷日本在物資補給上的供應鏈。盟軍空襲的目標，以維多利亞港兩岸的港口設施，以及海港內的船隻為主，亦會轟炸一些軍事據點，以圖打擊日軍士氣。當時是日軍軍事要塞的昂船洲亦是盟軍空襲目標之一。從一些戰爭日誌中，可以看到盟軍空襲昂船洲的記錄。

由於昂船洲在二戰前已是英軍軍事基地，因此盟軍明白其在軍事上的重要性。通過上述各種監察報告，盟

軍更加確信日軍會充分利用昂船洲的軍事設施來防衛香港。因此，空襲昂船洲的記錄亦曾在盟軍的戰事記錄中出現。1942 年 11 月 27 日，駐守桂林的蒙洛少校（Major J H Monro）在戰事記錄中提及轟炸香港的行動，當中提到「B 階段」的其中一個目標就是昂船洲。[13]1943 年 7 月 27 日，六架 B-24 解放者式轟炸機在十四架戰鬥機護航下，出動轟炸昂船洲。[14] 同年 9 月 2 日，十架 B-25 米切爾式轟炸機在五架 P-40 戰鷹式戰鬥機護航下，轟炸九龍半島以及昂船洲對開海面的船隻。[15]1944 年 4 月 2 日，三十七架 B-24 解放者式轟炸機向香港進行空襲，目標是九龍半島和太古船塢。其間，兩架日軍戰機升空攔截，

1944 年初美軍第十四航空隊空襲香港，一艘日本貨船於港內中彈起火。

但被護航的 P-38 閃電式戰鬥機擊退。翌日，美軍轟炸機再度出動，目標為港口內船隻、岸邊的貨倉和位於昂船洲的輸油管。[16] 同年 10 月 16 日，一艘日軍驅逐艦被炸沉，另一艘炮艇則在昂船洲南面被炸斷為兩截。[17]

日本統治香港的後半期，盟軍轟炸香港的架次非常頻密，從一些空軍人員的回憶錄中，或能更清晰地瞭解當時的情況。Wayne G. Johnson 在 *Whitney: From Farm Kid to Flying Tiger to Attorney* 一書中，就記錄了一名美國空軍戰鬥機師帕內爾（Max L. Parnell）轟炸香港的回憶。

帕內爾駕駛的是 P-51C 野馬式戰鬥機，隸屬第一百一十八戰術偵察黑雷中隊。該中隊駐守遂川。1944 年聖誕節前夕，該中隊分兩個梯次轟炸香港，帕內爾屬於第二梯隊，當日下午飛越香港上空，轟炸維多利亞港內的船隻。[18]

當他的飛機抵達啟德機場上空時，中隊隊長麥柯瑪斯上校（Col. Ed McComas）開始投彈，帕內爾和同僚吉時利中尉（Lt. Kethely）亦緊隨其後開始俯衝，向目標投下數枚五百磅的炸彈。帕內爾投下的炸彈擊中停泊在港口內的貨輪。[19] 但是，爆炸產生的碎片擊中帕內爾的飛機，他在無可選擇的情況下，惟有跳傘逃生。[20] 帕內爾不幸地降落在昂船洲對開海面，駐守在島上的日軍隨即向他開火。[21] 下午六時許，一艘日軍巡邏艇駛近將他俘虜，並送往赤柱監獄囚禁。[22]

盟軍的空襲對日軍船舶帶來重大損失，受美國軍機攻擊於昂船洲附近沉沒的日軍艦艇，包括於 1941 年參與攻港的炮艦嵯峨號，1945 年 1 月 22 日該艦遭美機炸沉

於昂船洲旁。同年 4 月 13 日，另一艘日艦神威號（原為運油船，後改裝為水上機母艦及運輸船，日軍稱為「特務艦」）在昂船洲旁遭美軍 B-24 解放者式轟炸機直接命中，船身翻側擱淺。[23]

　　鑑於多艘日軍艦艇於大戰後期在香港遭美機擊沉，原來在這些艦艇服役的官兵已無艦可駐，日軍遂於 1945年 6 月把這些官兵徵集，組成一支陸戰隊駐守昂船洲，以備盟軍一旦反攻時作出抵抗，其指揮官即為上述神威號的副艦長青木一郎少佐，該部隊因而稱為「青木

美軍戰機擊中美孚油庫，圖左下角小島為昂船洲。

部隊」。[24]

　　盟軍轟炸香港亦成為日佔時期市民日常生活的一部分。日佔時期，任職香港大學馮平山圖書館館長的陳君葆在日記中，記錄了一些盟軍空襲香港的回憶。1943 年 7 月 27 日（星期二）記載：

　　……離開中文學院甫行至救恩堂左右，忽聽見空中有高射炮聲，同時飛機聲也叩進耳鼓，舉頭一望，則一隊飛機共六架約在七千呎以上的高空正由東南向西北對着昂船洲方面飛去，路人紛紛走避閂舖，未幾炸彈聲爆發了，一連五六起，我緩步到車站時，昂船洲一帶已在灰塵迷漫中了。[25]

1944 年 10 月 16 日（星期二）記載：

　　三點半左右，聞警報，旋從天空中發現有機由北飛來越頭頂過，一數竟逾二十架排得頗密，心為之一跳，再一數原來尚有一隊約七架至八架，此時昂船洲岸邊的機槍已密集迸發，四處的炮聲亦繼起如連珠，此後十餘分鐘，則聞落聲直如傾盆水，而彈聲，槍聲，炮聲均打成一片，不可分辨。[26]

1945 年 4 月 30 日（星期二）記載：

　　……午後一時許飛機入空了，分次作波狀投彈，每次只三架或兩架，似專向對海荃灣或昂船洲地點轟炸，因為前後七次，來機均至頂頭上空便轉而北向投彈。[27]

　　曾在日本統治期間被捕下獄的戴望舒，亦曾書寫《口號》一詩，記述了 1945 年 1 月 16 日盟軍轟炸香港的情況：

《口號》

盟軍的轟炸機來了，
看他們勇敢地飛翔，
向他們表示沉默的歡快，
但卻永遠不要驚慌。

看敵人四處鑽，發抖：
盟軍的轟炸機來了，
也許我們會碎骨粉身，
但總不死在敵人手上好。

我們需要冷靜，堅忍，
離開兵營，工，船塢：
盟軍的轟炸機來了，
叫敵人踏上死路。

苦難的歲月不會再遲延，
解放的好日子就快到，
你看帶著這消息的
盟軍的轟炸機來了。[28]

　　除了盟軍記錄外，前日本駐港總領事佐々淳行
（1965 年 4 月至 1968 年 6 月出任日本駐香港總領事）書
寫的《香港領事・佐々淳行》，亦為日佔昂船洲補充了
寶貴資料。

　　佐々淳行憶述在 1965 年間，曾在日本海軍服役的山

1944 年 10 月美軍空襲紅磡黃埔船塢，卻不幸造成大量平民傷亡。

口市鴻城病院院長田中清人致函日本政府，要求當局與英國政府磋商，就昂船洲埋葬的日本人骸骨善後工作，作出妥善處理。[29]

　　1966 年 1 月，香港政府與佐々淳行接觸，表示 1965 年末在昂船洲的建築工程範圍，發現日本人骸骨。但是基於普羅大眾對日本仍存在着負面態度，因此港方要求佐々淳行低調處理該項事情。2 月 9 日，一名英國軍官與佐々淳行商討骸骨發掘問題，並表明了英國官方的態度，敦請日方謹慎處理。[30]

　　經英日雙方商討後，佐々淳行在一名英軍憲兵上士陪同下，到昂船洲視察發掘現場。雖然當時發掘的面積只是十五米乘二點五米，但已發現骸骨。[31]

　　為了解決事件，經雙方商討後，決定由日方負責發掘的費用。所有骸骨會拍照存檔，照片沖曬由香港警察

負責。骸骨處理方法，根據佐々淳行憶述：頭蓋骨將運回日本，其他骸骨將於火化後進行海葬。[32]

在昂船洲發現的日本人骸骨，主要是屬於 1945 年初多艘被美軍空襲擊沉的艦艇海軍人員（見表 5-4）。

表 5-4：美軍空襲擊沉船隻

船艦名稱	艦種	噸位	船長
神威艦	特務艦	17,000	藤牧美 大佐
滿珠艦	海防艦	870	神沢政 大佐
象山丸	貨船	2,072	
天栄丸	油船	10,241	
松島丸	油船	10,000	

（資料來源：〔日〕佐々淳行：《香港領事‧佐々淳行》〔東京：文藝春秋，2004 年〕，頁 59）。

1966 年 5 月 12 日，日方開始發掘工程，並且聘請了多名苦力協助發掘。英軍只提供往返九龍至昂船洲的交通安排，並且限定了每天的發掘工程時間為早上九時三十分至下午四時三十分。香港政府亦發出了發掘許可證和火葬許可證。經發掘後，共起出了一百五十具骸骨。[33]

註釋

1 《華僑日報》，1942 年 11 月 26 日。

2 《國策研究會週報》，第四卷四號。

3 須磨號前身為皇家海軍飛蛾號（HMS *Moth*）內河炮艦。該艦在 1920 年建成，1941 年被日本空軍擊沉。日軍佔領香港後，將它浮起重修。

4 Wright-Nooth, George and Adkin, Mark.*Prisoner of the Turnip Heads: The Fall of Hong Kong and Imprisonment by the Japanese*(London: Cassell, 1999), p. 92.

5 高添強：《野外戰地遺跡》（香港：天地圖書、郊野公園之友會，2001），頁 47－48。

6 Wright-Nooth, George and Adkin, Mark.*Prisoner of the Turnip Heads: The Fall of Hong Kong and Imprisonment by the Japanese*, p.232.

7 E. M. Ride, "Headquarter, Kukong", *B.A.A.G. Series*, Vol. III, (199?), p.87.

8 E. M. Ride, "Field Intelligence and Contact with the Captives", *B.A.A.G. Series*, Vol. VI, (199?), p.20.

9 Australia Archives, *Condition in Hong Kong, Canton & Macao under Japanese Administration* (Series: A3269/1 Item: W1).

10 Ibild.

11 Ibild.

12 Ibild.

13 E. M. Ride, "Field Intelligence and Contact with the Captives", p.28.

14 Keith D. Dickson, *World War II Almanac*, Volume 1 (New York: Infobase Publishing, 2008), p.233.

15 Memorial History, *timeline1943* http://www.memorial-history.com/timeline/1943/2nd-september-1943-wwii-timeline.htm（瀏覽日期：2015 年 10 月 10 日）.

16 Wesley F. Craven & James L. Cate (ed.), *The Army Air Force in World War II*, Volume V (Chicago: University of Chicago Press, 1983), p.501.

17 Australia War Memorial, *Communications Between Hong kong and Canton* (AWM54 627/6/1).

18 Wayne G. Johnson, *Whitney: From Farm Kid to Flying Tiger to Attorney* (Minneapolis: Langdon Street Press, 2011), pp.173-179.

19 Ibid, pp.173-179.

20 Ibid, pp.173-179.

21 Ibid, pp.173-179.

22 Ibid, pp.173-179.

23 香港海軍会：《香港海軍の年譜》（東京：香港海軍會，平成元年），頁 82、86。

24 同上，頁 90。

25 陳君葆著、謝榮滾主編：《陳君葆日記（下）》（香港：商務印書館，1999），頁 618。

26 同上，頁 726。

27 同上，頁 802。

28 戴望舒：《戴望舒精選集》（北京：北京燕山出版社，2011），頁 88－89。

29 〔日〕佐々淳行：《香港領事・佐々淳行》（東京：文藝春秋，2004），頁 56－57。

30 同上，頁 56－64。

31 同上，頁 56－64。

32 同上，頁 56－64。

33 同上，頁 56－64。

06

日佔香港的
間諜活動

香港的地理位置、自由港的身份，以及華洋雜處的社會狀況，香港在戰前已被各國視為情報收集中心。日佔時期，各國在香港的間諜活動並未停止。

日佔政府的防諜工作，主要由憲兵隊負責，當中包括拘捕、檢舉間諜和防止阻礙太平洋戰爭的反日活動。據朱德蘭的研究，憲兵隊的骨幹成員約一百五十名，另設二百名補助憲兵。而下設有一千五百名至三千名華裔和印裔通敵者。[1]

司徒永覺（Selwyn Selwyn-Clarke, 1893－1976）在他的回憶錄內，曾提及他因間諜罪名而被憲兵拘捕及囚禁的情況。作為戰前香港政府醫務總監（Director of Medical Services），司徒永覺在淪陷初期得到日佔政府同意，繼續他的醫務活動，包括為戰俘和拘留人士提供人道救援。[2]

1943 年 5 月 2 日，憲兵拘捕司徒永覺，指控他在醫務活動中為英軍服務團（British Army Aid Group）和英國駐澳門領事傳遞日軍動向的消息。司徒永覺被指控四十項罪名，被囚禁在憲兵總部地牢內的囚室。憲兵為了令他認罪，曾施予酷刑。司徒永覺在他的回憶錄內形容傷勢：「不超過百分之二十永久傷殘，主要創傷在脊椎和左腿。」[3]

司徒永覺亦提及囚室內的情況。當他被送往該處時，約有四十名人士被囚禁，當中有兩名歐裔和一名印裔人士，其餘是華人。而憲兵為求獲取重要資料，往往採取嚴刑逼供的手法，包括灌水、吊飛機等不人道刑罰。部分人為求解脫，不惜嘗試自殺。[4]

詩人黃魯在 1949 年 2 月 19 日刊印的《星島日報‧星座》，發表了一篇題為〈一個人的紀念〉的文章，憶述了在淪陷期間認識的一位中立國朋友：杜文。他因有間諜嫌疑而被日本憲兵拘禁四十五天。黃魯在文章內寫着朋友的情況：「杜文承認一切，他原來替盟軍在這裡計算日本人的船隻……在牢裡他給打斷了腰骨，大概不會有希望了……」⁵

日佔時期，中英雙方都秘密地派出情報人員到香港從事間諜活動。他們在互相合作之餘，亦同時間窺探對方的意圖。

英軍服務團

1941 年 12 月 25 日，經過十八天的艱苦戰鬥，香港總督楊慕琦（Sir Mark Aitchison Young, 1886－1974。1941 年 9 月 10 日－1941 年 12 月 25 日和 1946 年 5 月 1 日－1947 年 5 月 17 日出任香港總督）向日軍投降，駐港英軍、協防的加拿大軍隊和香港義勇軍隨即被扣押於戰俘營，其中包括義勇軍中校賴廉士（Lindsay Tasman Ride, 1898－1977。1949 年出任香港大學校長）。1942 年 1 月 9 日，賴廉士與兩名營友在游擊隊協助下，從戰俘營中逃脫，成功抵達重慶。⁶

抵達重慶後，賴廉士在英國軍情組織支援下，在 1942 年 7 月籌組了英軍服務團。英軍服務團總部設於曲江，並以惠州為前線基地，隸屬軍情九處（British Military Intelligence Section 9）。英軍服務團的主要工作

是協助囚禁在香港戰俘營的戰俘，搜集香港和鄰近地區的日軍情報。英軍服務團的成員包括曾在香港服役的軍人、前香港政府公務員和一些效忠英國政府的華人。[7]戰時加入英軍服務團的加拿大華人鄭兆根（William Chong, 1911－2006）便是一個例子。代號是「密探五十號」的他，主要工作主要是蒐集日本人在澳門的活動、為囚禁在香港的戰俘提供藥品、協助港英公務員等人士逃離淪陷區，以及為英軍服務團提供翻譯服務。[8]

　　香港保衛戰時，服務於皇家海軍的馬廼光，淪陷後加入英軍服務團。他憶述英軍服務團採用的電報機只是一個黑色長方盒子，發訊機只有一排十一個鍵，代表零至九，以及點號，而收訊機以燈號代表那十一個鍵。電

二次大戰結束後前英軍服務團成員重聚，左方面向鏡頭者為服務團的創始人賴廉士教授，右端的華人為該團其中一位成員李耀彪。

報的收發方式是以四個數字一組組成電報碼，操作人員會依據電碼表上找出相應的數字傳送，接收一方亦會依電碼表把訊息上的數字翻譯成文字。[9]

英軍服務團所搜集的情報非常廣泛，從一些戰時的紀錄，可更明瞭它們的工作。在 *Kweilin Weekly Intelligence Summary* 的六項分類，正好反映出英軍服務團的工作（見表 6-1）。

表 6-1：英軍服務團工作

1.	囚禁於戰俘營和拘留營的人士： 1. 營地 — 搜集戰俘營和拘留營內的消息，包括糧食供應、環境衛生、士氣或嘗試逃亡等消息； 2. 從逃亡者、難民、淪陷地區的書信內搜集情報。
2.	情報： 1. 航運：軍事和商務資料； 2. 空軍：轟炸目標的情況； 3. 軍事情報。
3.	非軍事情報： 1. 政治：日治政府行政架構和編制； 2. 經濟、運輸、醫療、宗教、教育、科研等數據； 3. 政府宣傳品、秘密組織活動、黑名單等等。
4.	中國情報： 1. 軍事情報； 2. 政治資料。
5.	新聞：翻譯淪陷地區內的報紙、期刊、小冊子等文章。
6.	印裔 1. 軍事人員：戰俘，拘禁位置及營內士氣等； 2. 印度國民軍〔Indian National Army〕資料和活動； 3. 平民資料； 4. 印度獨立聯盟〔Indian Independence League〕，印度事務辦公室〔Indian Affairs Office〕資料和活動； 5. 宣傳品； 6. 逃亡者及難民報告。

（資料來源：Edwin Ride, *BAAG: Hong Kong Resistance 1942-1945* [Hong Kong: Oxford University Press, 1981], pp.168-169）。

英軍服務團的情報員積極刺探日人在港活動，如觀察所有敵方在香港航運的動態和日本船隻的資料，以及各種船塢的情況，並且以詳細圖紙作記錄。[10] 另外，一名曾服役於香港後備海軍的偵察員，曾匯報日軍有意在南丫島建立一個觀測站。[11]

136 部隊

除英軍服務團外，為處理亞洲戰場上的敵後工作，英軍在二戰期間亦曾在加拿大訓練以加拿大華人為骨幹的 136 部隊。

第二次世界大戰爆發前，英國情報機關軍情六處 D 組（Military Intelligence Section 6，簡稱 MI-6）、軍情研究處（Military Intelligence Research，簡稱 M.I.(R)）和戰爭部（War Office）已計劃訓練一批特工，空投往淪陷區搜集情報及與當地游擊隊合作，該組織稱之為特別任務團。法國淪陷後，特別任務團成員隨即潛入淪陷區，進行各種情報搜集和訓練游擊隊的工作。[12] 基於特別任務團在歐洲戰區取得卓越的成績，因此英國情報機關和軍部決定成立 136 部隊，以便空投往日本佔領區搜集情報。

而負責擔任籌組工作的是出生於溫哥華的簡度（Francis Woodley Kendall, 1907－1976）。戰前，簡度在香港的一家採礦公司工作，第二次世界大戰爆發後被招攬加入軍情六處，負責為中國游擊隊提供軍用物資、協助中國官員逃離佔領區和偷襲日軍船隻，1942 年被調往孟買（Bombay），負責訓練特工的工作。[13]

　　由於日本佔領區的環境有別於歐洲淪陷區，社會架構以有色人種為主，因此軍情六處決定訓練一批精通中文和英語的華人，潛入淪陷區從事間諜活動。基於居住於英國本土的華人未能解決這種需求，因此英國政府決定向其殖民地和自治領地提出要求。由於簡度是加拿大人，對於溫哥華的情況非常瞭解，因此他決定在加拿大招募華人從事情報工作。1943 年，簡度抵達渥太華，並向加拿大政府提出要求，希望能夠招募華裔軍人接受敵後工作訓練。簡度的要求並未得到加拿大聯邦政府的重視，主要原因是英屬哥倫比亞省因種族問題，仍然反對招募加拿大華人入伍。[14] 當時加拿大聯邦政府所抱的態度比英屬哥倫比亞省比較開明，主要原因是因為軍隊正需要大量生力軍以補充兵源上的不足。不過，由於總理麥堅時・京治（William Lyon Mackenzie King, 1874－1950）領導的政府亦不想開罪英國，所以只是有限度地接受簡度的要求。[15]

　　為了平衡各方利益，麥堅時・京治在 1944 年 3 月決定只准許簡度在加拿大招募少量華裔加拿大人接受訓練。但加拿大政府要求該批華人是以借用形式在英軍服務，而英軍亦需負責他們的軍費開支。[16] 在得到加拿大情報機關的協助下，簡度橫越加拿大，挑選了十五位華裔加拿大後備役軍人接受面試。接受面試的十五位華人，有十三位願意接受任務。[17]

　　招募工作完結後，特工訓練工作隨即展開。這十三名特工在英屬哥倫比亞省低陸平原地區接受為期三個月的基本訓練。在鵝灣（Goose Bay）接受基本訓練，內容

包括槍械訓練、自衛術、爆破、游擊戰術、求生技能和無線電知識,而部分學員亦要接受粵語訓練。整個訓練由兩位資深特工負責,英軍同時派了一名少校到訓練營負責無線電通訊訓練。[18]

雖然這十三名特工完成所有訓練,並且作好準備經后海灣或鄰近地區潛入中國,行動命令卻一再被拖延,主要原因是整個行動得不到盟軍高層的支持。1944 年10 月,魏德邁將軍(Albert Wedemeyer, 1897－1989)接替史迪威將軍(Joseph Warren Stilwell, 1883－1946)擔任中國戰區指揮官,他強烈表示所有敵後工作必須得到他的首肯,並且表示用潛水艇從澳洲接載少數特工潛入中國是浪費資源,因此他們一直未被派往中國從事敵後工作。[19]

國民黨

除英國外,中國政府亦在香港從事刺探活動,據日本的戰時檔案《重慶中国国民党在港秘密機関検挙状況》的資料顯示,國民黨在日佔香港的情報網非常精密,而成員亦滲透至社會各個階層。1943 年 4 月 20 日,日軍憲兵隊偵破國民黨的諜報組織,共拘捕了三十八名諜報人員。從他們的背景,可以瞭解到國民黨特務組織的滲透力。

表 6-2：日佔香港期間被補國民黨特務名單

姓名	年齡	住址	職業
邱清猗	35	中區英輝台	罐頭雜貨商
吳行	38	春日區波斯富街	文記餅家支配人
邱正倫	24	軒尼詩道	
梁國英	51	香取道	同樂別墅工人會名譽會長
孫伯年	37	洗衣街	食料品商
高聞天	34	中區英輝台	食料品商店員
黃耀	57	中大正通	同樂會主席
陳季博	58	灣仔道	中區區長
羅四維	47	柯士甸道	總督部囑託九龍圩區事務所職員
葉靈鳳	39	藏前區山道	總督部臨時囑託
江清白	41	奶路臣街	九龍地區質屋業組合書記
楊秀瓊	25	禮頓山	
陳玉燕	21	燈籠街	
歐雲軒	43	廟街	漢方醫師
區路文	27	威靈頓街	新聞記者
招見非	38	必烈啫士街	古物商
植甦	28	新西街	
余仲平	30	元朗區大旗嶺村	書記
黃志南	49	廟街	明治戲院映寫係
陳昭寧	51	新填地街	僧侶
陳靜宜	48	水街	會計員
沈壽楨	43	西往吉通	恒安公司會計
歐陽順	27	刺士利街	海軍第二工作部職工
潘彥	46	威靈頓街	
黃紹	50	灣仔道	店員
葉根	34	上海街	古衣商
李常	47	香取通	
羅偉雄	20	閣麟街	職工見習
陳鑑波	24	軒尼詩道	
吳峰	21	花園街	香港印刷工場職工
梁考梯	28	巴羅街	職工
楊炳雄	23	鹿島通	港務局監視員
許權	30	嘉咸街	
黎仕珍	51	大石街	香港造船廠職工
何生	32	依利近街	九龍造船廠雜役
傅宗壁	18	士丹利街	事務員
蔣棉	48	閣麟街	店員
何朝炮	46	東昭和通	清道夫

（資料來源：姬田光編篇：《重慶中国国民党在港秘密機関検挙状況》[東京：不二出版社，1988]）。

這三十八名被捕人士中，以中區區長陳季博（1888－1953）最為矚目。陳季博，廣東梅縣人，曾加入中國同盟會。1907 年 5 月，參加黃岡起義失敗後潛回梅縣。辛亥革命期間，曾參與光復梅縣，並且協助組織革命政府。1916 年出任《大風報》編輯，後負笈日本，入明治大學政治經濟科。

廣州國民黨中央組織部和海外部聯名通知該支部改組期間，留日學生只要贊成改組後國民黨的新政綱、新政策，就可申請人黨，因此吸收了不少新黨員。改選時，選出陳季博主事，費哲民兼秘書，撰寫文稿、刻蠟紙、油印等。[20]

陳季博在明治大學畢業後，於 1921 年返國，先出任黃埔軍校政治教官，後任廣東第一集團軍總部上校秘書。淪陷期間陳季博滯留香港。當日佔政府在香港推行區政時，陳季博被邀請出任中區區長。

陳季博是在 1943 年 5 月 28 日早上十時正在憲兵總部接受調查。據《重慶中國国民党在港秘密機関檢舉狀況》的資料顯示，縱使陳季博在日本機構內服務，但是他與國民黨的關係仍然存在，並且秘密與孫科、陳濟棠、吳鐵誠等國民黨人物保持聯繫。調查亦指陳季博在淪陷初期曾協助國民黨人士逃離香港，並且利用工作身份搜集日本對中國的政策、日佔政府的施政方針，以及親日華人的一舉一動。另外，陳季博亦招攬一些人加入國民黨，而部分人士更成為了情報收集的骨幹。[21]

《重慶中國国民党在港秘密機関檢舉狀況》亦記錄其他「通牒內容」，從中可以明瞭他們所匯報的情報不單

昂船光影：從石匠島到軍事重地

只是香港的社會狀況，亦監視南京汪精衛政權和中國共產黨在香港的活動。以 1942 年 8 月由情報員江清白所匯報的內容為例，他指出「南京中國國民黨港澳支部書記楊昔川之活動狀況。另外楊昔川的弟弟楊靜菴以故衣商人身份來掩飾他是南京國民黨駐港機關員的身份」。[22] 同年 9 月，陳靜宜匯報了中國共產黨員以工人身份作掩飾從事間諜工作。[23] 翌年 3 月，陳昭寧匯報了「共產黨員利用茶樓作連絡地方」。[24]

東江縱隊

日佔時期，東江縱隊港九獨立大隊在香港從事的敵後工作，亦包括搜集日軍情報，例如大埔的游擊隊便成立了敵後工作組，運用人際網絡建立了情報網，成員包括一些在大埔區役所和大埔憲兵部工作的華人，他們為東江縱隊提供民政和地區憲兵的動向資料。另外，荃灣區區長陳慶棠亦透過女兒與東江縱隊聯絡，為他們提供支援，而該區鄉紳亦安排部隊中人在區役所內工作，以便搜集情報。[25]

除了進入地區的政府機構外，東江縱隊成員亦滲透至紀律部隊內，當中黎成便是一個成功例子。黎成在戰前是一名警務人員，日佔時期當上了憲查。為了進一步搜集資料，黎成設法建立關係，以便加入憲兵特許隊特高課。經過多番努力，終獲特許隊特高課山本軍曹的賞識，而被調到港島憲兵總部特高課當密偵。黎成亦因利乘便，搜集了大量日人資料，包括軍事地點分佈圖。[26]

東江縱隊在港活動初期，已設立了情報交通總站，使司令部、政訓室、大隊和各中隊之間能取得協調和聯絡。1943 年開始擔當交通站站長的李坤，指出這是一個情報交通站，專門負責將各區所搜集的情報，傳遞到大隊的指揮機關。交通站設在西貢深涌村，下設六條交通線（見表 6-3）。

表 6-3：東江縱隊交通線

1.	從深涌村經榕樹澳村、企嶺下村和十四鄉，到沙田梅子林村交通站。
2.	交通船橫渡吐露港海峽，與沙頭角區涌尾村交通站聯繫。
3.	從深涌村與西貢樟上村港九大隊大隊部聯繫。
4.	從深涌村到榕樹澳村、企嶺下村、禾寮村、大環村到西貢墟周邊交通站。
5.	從深涌村出發到西貢墟周邊交通站、北潭村交通站。
6.	從深涌村經南山洞村、白沙澳、高塘、竹瓜坪到赤徑交通站。

（資料來源：李坤：〈回憶港九獨立大隊情報交通站〉，載陳敬堂、邱小金、陳家亮編：《香港抗戰：東江縱隊港九獨立大隊論文集》[香港：康樂及文化事務署，2004]，頁 244）。

率先與東江縱隊合作的是英國，因在淪陷初期，部分逃離香港的英國人士，都曾受到東江縱隊的幫助，包括英軍服務團的賴廉士。在 *BAAG: Hong Kong Resistance 1942-1945* 一書，作者 Edwin Ride（賴廉士兒子）描述了賴廉士逃離香港的情況。賴廉士在 1942 年逃亡時在西貢地區與東江縱隊的蔡國梁接觸上，並且得到他們幫助離開香港，成功抵達惠州。[27] 賴廉士與東江縱隊亦因此建立了良好關係，為日後的情報分享建立了良好基礎。

東江縱隊的情報收集工作亦隨着戰事的發展而不

行軍中的東江游擊隊（後改稱東江縱隊）

斷擴張。部隊根據中共中央指示，設置了一個特別情報部門，任命袁庚為情報處處長。而搜集情報範圍包括廣東省沿岸和珠江三角洲的日佔地區。另外，情報處亦與美軍歐戴義少校領導的觀察組緊密聯繫，互相交換日軍情報。[28]

　　以 1944 年至 1945 年為例，包括香港啟德機場圖例及說明、太古船塢建造計劃圖例、日本海軍華南艦隊密碼、廣九鐵路沿線工事圖解、大亞灣海岸圖、新界地區日軍工事圖、香港海面艦艇型號及活動規律等等，為美軍第十四航空隊及在華南美軍司令部提供大量精確資料，亦使盟軍空襲得以取得上佳的成效。[29]

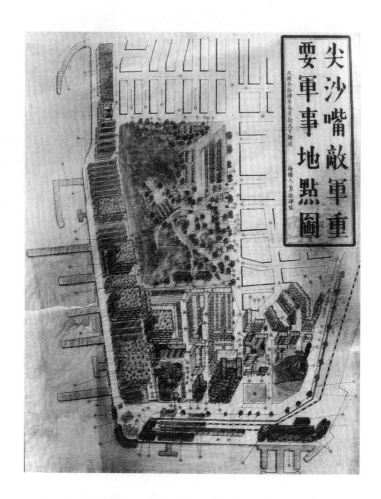

尖沙嘴敵軍重要軍事地點圖

民國參拾肆年伍月拾貳日物城

冷圖人 呂詮譯號

1945 年初由英軍服務團成員繪製的地圖，詳述尖沙咀的日軍設施。

註釋

1　朱德蘭：〈從日本軍方檔案看日軍占領香港及破獲諜報組織之經過〉，載中華檔案暨資訊微縮管理學會編：《1996 年海峽兩岸檔案暨微縮學術交流會論文集》（台北：國史館，1996），頁 77。

2　Selwyn Selwyn-Clarke, *Footprints* (Hong Kong: Sino-American Publishing Co., 1975), pp.83-90.

3　Ibid, pp.83-90.

4　Ibild, pp.83-90.

5　黃魯：〈一個人的紀念〉，載陳智德主編：《香港文學大系：散文卷二》（香港：商務印書館，2014），頁 174－177。

6　Edwin Ride, *BAAG: Hong Kong Resistance 1942-1945* (Hong Kong: Oxford University Press, 1981), pp.31-50.

7　高添強、唐卓敏：《圖說香港日佔時期》（香港：三聯書店，1995），頁 140。

8　Chow Ka Kin Kelvin. "A Study of the Social Status of the Canadian Chinese during the Mid-Twentieth Century" (unpublished MPhilThesis, University of Hong Kong, 2008), p.116.

9　香港里斯本丸協會：《戰地軍魂：香港英軍服務團絕密戰記》（香港：画素社，2009），頁 59。

10　Australian War Memorial, *Lindsay Ride Papers* (Series 10 Folder 16).

11　Australian War Memorial, *Lindsay Ride Papers* (Series 2 Folder 32).

12　Roy MacLaren, *Canadians Behind Enemy Lines 1939-1945* (Vancouver: UBC Press, 2004), pp. 1-10.

13　Dennis McLaughlin, Leslie McLaughlin, *Fighting for Canada* (Ottawa: Minister of National Defence Canada, 2003), pp.63-64.

14　Ibild, pp.63-64.

15　Ibild, pp.63-64.

16　Roy MacLaren, *Canadians Behind Enemy Lines 1939-1945*, p.185.

17　Dennis McLaughlin, Leslie McLaughlin, *Fighting for Canada*, pp.64-65.

18　Ibild, p.65.

19　Ibild, p.140.

20　耿守玄：〈國民黨成立之經過〉，載徐朝鎣主編：《文史資料存稿選編》（北

京：中國文史出版社，2002)，頁 6。

21 姬田光義編：《重慶中国国民党在港秘密機関検挙状況》（東京：不二出版社，1988），頁 220－223。

22 同上，頁 299。

23 同上，頁 300。

24 同上，頁 314。

25 周奕：《香港英雄兒女》（香港：利文出版社，2004），頁 123－126。

26 同上，頁 130。

27 Edwin Ride, *BAAG: Hong Kong Resistance 1942-1945*, pp.37-51.

28 袁庚：〈東江縱隊與盟軍的情報合作及港九大隊的撤出〉，載陳敬堂、邱小金、陳家亮編：《香港抗戰：東江縱隊港九獨立大隊論文集》（香港：康樂及文化事務署，2004），頁 251。

29 同上，頁 252－253。

07

第二次世界大戰後的昂船洲

1945 年 8 月 15 日，日本宣佈無條件投降。同日，停泊在澳洲雪梨港口的英國艦隊立刻啟航，向香港邁步。8 月 30 日，代號「雄獅行動」（Operation Lion）正式展開，夏慤海軍少將乘巡洋艦史威舒爾號（HMS *Swiftsure*），在其他艦艇護航下，進入維多利亞港，標誌着香港的重光。9 月 1 日，夏慤少將在電台宣佈，正式成立軍政府。[1]「三年零八個月」的日佔時期終告結束。英軍部隊亦開始進駐各個被日軍佔據的軍營，當中包括昂船洲。

日本投降不久，英軍運送物資往昂船洲。

信號情報中心

　　第二次世界大戰後，香港再度成為一個重要的情

報收集中心，除了皇家海軍在昂船洲重置截聽信號設施外，皇家空軍在春坎角、大帽山等地方操作四個情報站。此外，皇家澳大利亞空軍亦在香港設有聯絡官。[2]

隨着國共內戰爆發，英國在香港部署的情報工作再度活躍，而服務的對象亦擴展至澳洲、紐西蘭，以及美國。信號情報中心亦在昂船洲重新建立起來。[3]

1947 年，英國、美國和部分英聯邦國家簽訂了情報交換協議，英美和澳洲負責監聽中國東南部和南中國海的軍事通訊。[4] 除了在太平洋的盟邦境內設立截聽中心外，美國亦透過它的太平洋艦隊定期訪港，以及委派聯絡官在駐港的英軍系統內取得情報。[5]

第二次世界大戰後，英國的截聽工作最初仍位處於昂船洲軍營。1948 年開始遷往大埔仔和啟德機場，並且改由皇家空軍第三百六十七通訊連負責管理和運作。1950 年，皇家澳洲空軍派員加入截聽工作，通訊站亦於 1951 年 7 月遷入港島東部的小西灣軍營（Royal Air Force Little Sai Wan）。[6]

位於小西灣的監聽中心，部署了三百名曾接受語言訓練的皇家空軍人員。由於參與該計劃的所有工作人員都受到《官方保密法》(Official Secrets Act) 約束，因此外間對他們的工作所知不多。1970 年代初在政府通訊總部（Government Communications Headquarters）工作的 John Kane，於 1980 年接受 New Statesman 訪問時，披露了小西灣監聽中心存在洩漏機密的漏洞，並且指出政府通訊總部對洩漏機密置若罔聞。[7] 他在 1984 年撰寫 GCHQ: The Negative Asset 嘗試披露真相，卻被英國政

1957 年的小西灣監聽中心

府政治部（Special Branch）禁止出版。千禧年代，曾有
數本英文著作描述小西灣軍營的運作，包括指揮官 Ken
Sly 的回憶錄 *A Horse Grows Horns*；Keith Scott、Geoffrey
Russell 和 Reginal Hunt 合著的 *Mandarin Blue: RAF Chinese
Linguists - 1951 to 1962 - and the Cold War*。

　　在監聽中心工作的人員，均曾接受語言訓練。部分
更曾派往倫敦大學（University of London）的東方和
非洲研究學院（London School of Oriental and African
Studies）接受語言訓練，包括學習中國官方語言，以及
粵語。另外，訓練亦包括聽取廣播和錄製的單詞或數
字，以及口音分辨。除了語言訓練外，成員亦會接受基
本的軍事訓練，如行軍、軍事禮儀等。[8]

從 1950 代中期數據可見，監聽工作是非常繁重的。1954 年 8 月期間，三十八個大小不同的監聽站，共截聽了三萬零三百一十五條訊息。12 月，監聽站增設至五十個，截聽的訊息增至四萬三千七百八十二條。1955 年，五十三個監聽站共截聽了四萬九千八百零四條訊息。1957 年的六十四個監聽站，平均每週進行七千零三個小時的監聽，共截聽了六萬一千一百四十九條訊息。[9]

1950 年代的遠東地區是冷戰中雙方陣營對壘的一個戰場。李彭廣在《管治香港：英國解密檔案的啟示》一書，亦談及 1950 年代香港情報系統的運作。當中提及到英國殖民地大臣向各殖民地發出通告，提出關於殖民地情報組織的目的和運作要點（見表 7-1）。

表 7-1：英國殖民地情報組織運作情況

1.	每個政府都有責任去維持一個有效的情報系統，使政府足以掌握危害公共秩序和穩定的可能威脅和政治發展。
2.	應建立一個有系統和恆常的收集、彙報和分析情報資料的程序，其目的是對潛在的危險有所警惕和盡早察覺，不管是否會構成明顯的威脅。
3.	所有來自不同來源的資訊都應該由一個單一組織來處理。打從在各層次有程序來處理收集到的資訊，乃至有個統一機構來記錄和評估有關資訊，以至提出一個平衡和綜合的完整情報圖像。

（資料來源：Alex Lennon-Boyd's Top Secret Circular Despatch, 28 April 1956, Document no. 1, CO 1035/49。見李彭廣：《管治香港：英國解密檔案的啟示》〔香港：牛津大學出版社，2012〕，頁 105－106）。

葛量洪總督回覆該通告時，指出了香港的情況是國際問題多於內部問題，而主要的威脅亦只是來自中華人

民共和國。他亦說明了香港政府內部情報機構主要是政治部。此外，高層的政府官員都明白收集情報的責任，並且會與他及政治顧問討論形勢。1956 年間，香港政府向英廷提交的政治報告，包括：中華人民共和國的情報資訊、香港的共產主義活動、香港在非軍事侵略和在軍事威脅下的弱點，以及國民黨在香港的活動。[10]

由於香港位處於情報收集的最前線，因此衍生出間諜活動。1961 年，一名受僱於小西灣監聽中心的本地語言人員（linguist）在中港邊境被捕，在他的行李內搜出一些機密文件，當中包括政府通訊總部的人員名單，以及一些高層的私生活資料。[11] 此外，亦曾發生兩名華裔文員因牽涉洩密嫌疑，而投奔台灣。[12]

1960 年代初，鄧普樂爵士（Sir Gerald Templer, 1898－1979）提出將小西灣的截聽工作轉由非軍人管理，因此小西灣的截聽通訊工作在 1964 年轉為民用監聽站，由政府通訊總部（The Government Communications Headquarters）主持，工作亦改由非軍事人員擔任。越戰期間，監聽人員還包括能操流利越南語的澳大利亞籍員工。[13]

1962 年，負責監聽的皇家空軍第三百六十七通訊連解散，而位於小西灣的監聽中心亦於 1982 年關閉。隨着香港主權於 1997 年 7 月 1 日回歸中華人民共和國，英國軍方亦決定遷移位於小西灣的信號情報中心。部分工作將分別遷往新加坡和澳洲。而位於春坎角的人造衛星接受中心亦遷往位於西澳州的傑洛頓（Geraldton）。過往，春坎角的人造衛星接受中心曾用以監察中國人民解

1950 年代通往小西灣監聽中心的小路，從路標可見該地由皇家空軍管轄。

放軍的人造衛星通訊，以及收集中國軍方彈道導彈遙測數據、衛星下傳的電信資料等訊息。[14]

至於設於大帽山的高頻率訊息的截聽設施亦同樣關閉。美國的高頻率訊息監察工作，分別遷移至台灣屏東地區、泰國坤敬和日本的喜界島。[15]

皇家海軍陸戰隊

日佔時期，日軍並沒有使用昂船洲上的射擊場，反而是利用島上其他地方作為刑場。戰後初期，昂船洲曾發現一些被處決的戰俘遺骸。部分受審的日本戰俘，亦曾表示日佔時期，曾在昂船洲駐守。1945 年 9 月 11 日的

《中國郵報》報導，當英軍在昂船洲搜捕日軍時，據報曾發現多艘敢死隊的魚雷艇。[16]

香港重光後，英軍重新使用和擴充昂船洲的軍事設施，皇家海軍陸戰隊亦因應皇家海軍太平洋艦隊規模緊縮，以及英國國防部署的轉變而有所改變。第二次世界大戰削弱了英國實力，國家重建成為戰後英國的主要目標，而削減海外駐軍成為緊縮國家開支的方法。[17]1949年中華人民共和國成立時，英軍只有三艘皇家海軍艦隻仍有皇家海軍陸戰隊派駐艦上。[18]由於戰前英國在華租界已歸還中國，因此皇家海軍陸戰隊在遠東的主要工作，只是防衛香港而已。

1947年，皇家海軍陸戰隊負責管理昂船洲的射擊場重新投入服務，而皇家海軍陸戰隊訓練中心（Royal Marines Training Centre）亦肩負起為士官提供升級訓練。此外，軍方非常鼓勵各軍種善用昂船洲射擊場和海軍陸戰隊訓練營，曾「享用」這些設施的包括皇家海軍陸戰隊、皇家海軍、喜喀兵團、義勇軍、香港警察隊，以及民間射擊會。[19]同年7月，皇家海軍陸戰隊協會（Royal Marines Association）在香港成立分會，首次會議便在昂船洲舉行。會議期間，皇家海軍太平洋艦隊成員與香港分會會員舉行了多項比賽，包括游泳、網球、風帆等體育項目。[20]

1957年，昂船洲軍事設施改由英國陸軍負責管理。[21]但島上的軍事訓練設施仍然為訪港的英軍部隊作訓練之用。*HMS Dido* 一書記述了該艦在遠東地區的活動，當中記載了該艦途經香港期間，艦上官兵曾往昂船洲的射擊

戰後初期的昂船洲，外貌沒有重大的改變。

場接受訓練。[22]

　　除了射擊場外，島上的軍事設施亦陸續由多個不同部隊接管。它們的活動，使戰後昂船洲的歷史更立體化。

駐港英軍部隊

　　昂船洲的軍火庫是英軍最後一支錫克教部隊的進駐點。該部隊隸屬皇家陸軍軍械團（Royal Army Ordnance Corps，簡稱 RAOC），部隊名稱是香港陸軍部警察（Hong Kong Army Department Police，簡稱 ADP）。而部隊所管理的地區，最初官方稱為皇家陸軍軍械團彈藥庫・昂船洲（RAOC Ammunition Sub-Depot, Stonecutters

Island），後改稱為皇家後勤兵團‧香港彈藥供應服務
（Ammunition Services, Supply Services Hong Kong, The
Royal Logistic Corps）。

昂船洲軍火庫位於島的東南端，原由巴基斯坦裔軍
人擔任守衛。曾在該彈藥庫駐守的肯華星督察（Inspector
T. K. Singh）解釋該處改為以錫克教徒當守衛的原因：
「1949 年前島上有兩次大火，當時由巴基斯坦人做守
衛，火災起因是他們抽煙而引致。後來英國軍方發覺錫
克教徒有不抽煙的習慣，因此聘請他們工作。」[23]

有別於英國陸軍編制，香港陸軍部警察的官階只設
有督察（Inspector）、副督察（Sub-Inspector）、上士
（Staff Sergeant）、警長（Sergeant）、下士（Corporal）
和警目。當中副督察級在 1982 年取消。最後一任白人督
察是登柏斯達（Henry Dempster, ? － 1966）。

第四百一十五海事團

啹喀兵團在英軍體系內已有二百多年歷史，並且曾
經參與多場大型戰役，包括協助英軍平定 1857 年的「印
度嘩變」、兩次世界大戰、「馬來亞緊急狀態」（Malayan
Emergency）等。1960 年代「馬來亞緊急狀態」平息後，
原駐守馬來亞的啹喀兵團於 1971 年調防香港石崗軍營。[24]

啹喀兵團在香港有不同兵種，分別隸屬不同的啹喀
部隊，包括步兵團、通訊團、工兵團和運輸團等。他們
主要的工作是駐守中港邊界，拘捕非法入境者。駐守昂
船洲的第四百一十五海事團（415 Maritime Troop），原

1970 年代從高空俯瞰昂船洲

隸屬皇家運輸團第五十六中隊（56 Squadron, Royal Corps of Transport），而第五十六中隊是以喏喀兵為主力。1970 年代初，第四百一十五海事團是由第四百一十五海事團分拆而成的獨立小隊，並且以昂船洲為基地，主要負責昂船洲與外間的運輸工作。**25**

香港軍事服務團總部

香港華人服務於英軍體系，可追溯至第一次鴉片戰爭期間。鄺智文在《老兵不死：香港華籍英兵》一書中指出：「在第一次鴉片戰爭期間，已有不少沿海華人協助

英軍作戰，例如提供食物、帶路等……」[26] 第二次世界大戰前，皇家炮兵團曾招募華人入伍，並且在昂船洲接受訓練。此外，在義勇軍服役的華裔軍人在香港保衛戰中表現超卓，因此戰後英國軍部亦開始常規地招募香港華人入伍，當中以香港軍事服務團（Hong Kong Military Service Corps）為主要部隊。

1992 年，伊靈沃斯中校（Lt. Col. Richard Illingworth）接受電視廣播有限公司訪問時指出：「香港軍事服務團由一千一百名（華籍）英軍組成，昂船洲是他們的訓練基地，結業後會被派駐二十七個不同部門。」[27] 甘連少校（Major John Camlin）補充說：「課程維持二十一週，期間接受體能和軍事訓練，例如射擊、使用武器和操練。亦會學習急救、基本信號和戰略。」[28]

原為監獄門樓的建築物，成為香港軍事服務團總部。1985 年 1 月 20 日，由羅保議員（Roger Lobo, 1923－2015）主持揭幕。而原為更樓的兩座建築物，一座成為香港軍事服務團康樂中心，另一座成為聖巴巴拉教堂。[29]

軍事懲教中心

1976 年，設於昂船洲的軍事懲教中心關閉，並且遷往英國高車士打（Colchester）。1988 年，位於高車士打的軍事懲教中心開幕時，時為國防部部長的楊格（George Younger, 1931－2003）在致詞中，解釋了軍事懲教中心的工作。他指出軍事懲教中心不是一座監獄，

1996 年香港軍事服務團在昂船洲表演以電單車「疊羅漢」

第
二
次
世
界
大
戰
後
的
昂
船
洲

它的主要功能是按照相關規則，為那些被判處拘役期限的軍人，提供懲教工作。而懲教中心只拘留被判處拘役由十四天至兩年期限的軍人。[30]

最後的殖民歲月

隨着香港於 1997 年 7 月 1 日回歸中華人民共和國，駐港英軍部隊亦陸續撤離，座落於香港、九龍和新界的軍營亦相繼關閉。1997 年 6 月 3 日，駐港皇家空軍第二十八（AC）中隊解散，為三軍部隊中首支結束香港防務的部隊。[31] 位於昂船洲的軍營，除了添馬艦海軍基地

在此運作外，一些陸軍部隊亦開始進駐島上，為香港主權移交作最後準備，當中包括陸軍的黑衛士兵團第一營（1st Battalion, The Black Watch）。

黑衛士兵團第一營駐守香港期間，仍如常執行防務工作，包括巡邏中港邊境，以及與啹喀兵團在新界山區進行野外訓練。此外，兵團亦為「鳴金收兵」典禮和主權移交儀式進行演練，當中包括軍營移交儀式。

香港回歸後，一名曾不同時期服役於該兵團的退伍軍人，記述了黑衛士兵團第一營在英國管治香港的最後數個月的活動。當中亦簡短地提及昂船洲的段落，在言簡意賅的文字裡卻可看到昂船洲的變遷：「黑衛士兵團總部所在的昂船洲已由一條新公路與九龍連接起來。相較於威爾斯親王軍營，建築物在昂船洲是低密度，並且分散在廣闊的空間。島上仍有許多的維多利亞女王時期興建的軍事建築物、炮兵陣地、彈藥庫和隧道。」[32]

軍人就是島民

曾駐守在太平島的台灣海岸巡防署隊員葉曉祥在《國境極南》一書中提到太平島上「軍人就是島民，島民就是軍人」，昂船洲有着異曲同工的感覺。[33] 昂船洲不只是英軍軍營，亦是部分軍人和家眷的居所，1992 年島上住有八十名英軍和軍眷。[34]

互聯網的興起，改變了人與人之間的聯繫習慣，亦將曾共同經歷一些事情或曾共同生活在一個地區的人凝聚起來。昂船洲論壇（Stonecutters Island Forum）便是

一個例子，而及後衍生的昂船洲臉書組群 Stonecutters Island（JSTS）更可視之為聯繫方法的一個進化。

　　昂船洲論壇的組織對象，原是以 1973 年至 1975 年間曾在皇家海軍聯合服務發射站工作的人員為主。及後，論壇擴大覆蓋範圍至所有曾駐守昂船洲的英國軍事基地人員。[35]

　　細心閱讀論壇內的留言，成員不單只限於軍事人員，一些曾居住於島上的軍人家眷亦有加入該群組。從他們的留言和討論事項，不難發現他們都因曾在該島暫居而對地域產生感情，體現出一種社會網絡，一種由他們建立的共同文化價值。不同背景的人在新移居地，往往出現新的認同感和歸屬感。元智大學社會系教授劉阿榮指出：「『他鄉亦是故鄉』是歷史社會現實所積累而成，在長期的共同生活下，會逐漸形成『生命共同體』的社群意識和認同。」[36] 而哲學家亞歷山大・尼哈瑪斯（Alexander Nehamas, 1946－　　）亦認為一段友情只可從朋友之間那段共建的歷史中發掘出其特點及意義。[37]

　　法國社會學家哈布瓦赫（Maurice Halbwachs, 1877－1945）提出了「集體記憶」的論說，他指出：「社會記憶或集體記憶是一種集體社會行為，現實的社會組織或群體都有其對應的集體記憶。許多社會活動，經常是以強調某些集體記憶，成為了強化某一群人組合的凝聚。」[38] 曾駐守昂船洲的軍人及其軍眷，縱使各人的服務年期或背景不同，「昂船洲」成為了他們聯繫的共通點，深受其歷史、環境與資源分配之影響，建構了新的「歷史記憶」或「集體記憶」。那些「集體記憶」亦承載着香港歷史

的片段。

軍眷隨軍在英軍傳統可追溯至 18 世紀中葉。他們在嚴肅的軍事禁區和異邦生活卻有着另一番的體會。居住於昂船洲的軍人及其軍眷，他們的「集體記憶」既能給予人們一個側面的思想空間，更可從中看到我們共同擁有的「集體記憶」，例如颱風襲港、伊利莎白皇后號火災等。

Clare Gibson 在 *Army Childhood* 一書中表示，軍人子弟因父或母服役於軍隊內，因調防關係以致四海為家，因此對傳統上「家」（home）的觀念比較模糊，反而對童年時的居留地，卻存在着成長的回憶而留有深刻的感情。[39] 如 Jean Knightley 在論壇中的表白：「1961 年至 1964 年間，我的父親在監獄工作，而我們是住在南岸一側。昂船洲就像神話般的地方。」[40] 兩度居住在昂船洲的 Veronica Smith 亦有着同樣記憶：「1970 年至 1972 年，父親駐守香港期間，我們一家最初住在南岸的二十五 C 號營房。1975 年至 1976 年，則住在南岸的三十一號營房。我在昂船洲有着美好的回憶，尤其是所有在軍事懲教中心的人。」[41]

家庭背景相近，部分更是軍中的同袍和家眷，因此軍營內的家庭存在着更強烈的守望相助的熱誠，而這個小社區，亦透過一些活動來加強維繫，當中運動成為了最佳的媒介。1975 年駐守昂船洲的 Alan Booth，與家眷居住於島上高地的營房，每週一次的島民足球比賽成為了他的美好回憶。曾在軍火庫工作的 John Groves 憶述工餘時會到射擊場附近海灘暢泳。Jean Foord 亦有着同

建於 20 世紀初的昂船洲軍營，富有時代特色。

樣記憶：「那時會在海邊暢泳，由射擊場游往南岸的小碼頭。期間，一艘水警輪用探射燈各我們照射，觀察的我們的活動。」Veronica Smith 卻憶述鄰居羅便臣太太（Mrs Wyn Robinson）教導了小童游泳，並且形容這是昂船洲存在着的社區精神。[42]

　　他們的回憶亦不只限於軍營內的種種事情。作為香港的一員，他們亦經歷過一些本地的歷史事件，如前述的颱風襲港、伊利莎白皇后號火災等。曾在軍火庫工作的 John Groves 憶述颱風溫黛襲港時的情況：「足足三天無法離開。身處的站崗位於在碼頭旁邊，海水通過門上

方的空隙湧進來。」當時仍是軍人子弟的 Veronica Smith 憶述颱風襲港時表示，多次因颱風而要從深水埗乘搭登陸艇或電船返回島上。**43**

Veronica Smith 亦表示：「我永遠不會忘記伊利莎白皇后號的火災和沉沒。島上許多人到我家的陽台觀看這一切，有些女士亦因此落淚。火災翌日看到船隻沉沒，港口船隻也響起汽笛，以示致哀。當父親第二次駐守香港時，伊利莎白皇后號的殘骸已開始被拆除，但仍然可以看到部分在水平線以上。」**44**

這些回憶由他們日常的相處交織而成。共同的經歷累積成一段共同擁有的歷史，亦因此凸顯了昂船洲在曾駐守該島軍人及其軍眷生命中的特殊位置。

註釋

1　Melson, Commodore P J. ed., *White Ensign – Red Dragon: The History of the Royal Navy in Hong Kong 1841 – 1997* (Hong Kong: Edinburgh Financial Publishing [Asia] Ltd., 1997), p.69-78.

2　Nigel West, *Historical Dictionary of Signals Intelligence* (Lanham, Md.: Scarecrow Press, 2012), p.121

3　Richard J. Aldrich, "The Value of Residual Empire': Anglo-American Intelligence Co-operation in Asia after 1945, in Richard J. Aldrich and Michael F. Hopkins (ed.), *Intelligence, Defence and Diplomacy: British Policy in the Post-war World* (Portland, Oregon: Frank Cass, 1994), pp.232-236.

4　Ibid, p.248; Desmond Ball, "Over and Out: Signals Intelligence (Sigint) in Hong Kong", *Intelligence and National Security*, Vol. 11, no. 3, (July 1996), pp. 479-481.

5　"U.S. Officer Joins Hong Kong Staff", *The New York Times*, 8 September, 1949, p.15.

6　Warwick University, Political & International Studies, *Little Sai Wan passes from RAF control to GCHQ*, http://www2.warwick.ac.uk/fac/soc/pais/people/aldrich/vigilant/lectures/gchq/littlesaiwan/ (瀏覽日期：2013 年 1 月 9 日).

7　"Jock Kane's story", *New Statesman* (16 May 19802), pp.740-741.

8　Katherine K. Reist, "Book Review - *Mandarin Blue: RAF Chinese Linguists, 1951-1962, in the Cold War*", *The Journal of Military History*, Vol.74, No, 1 (January 2010), pp.309-310.

9　Nigel West, *Historical Dictionary of Signals Intelligence*, p.121.

10　李彭廣：《管治香港：英國解密檔案的啟示》(香港：牛津大學出版社，2012)，頁 110。

11　I. C. Smith & Nigel West, *Historical Dictionary of Chinese Intelligence* (Lanham, Md.: Scarecrow Press, 2012), p.40.

12　Nigel West, *Historical Dictionary of Signals Intelligence*, p.121.

13　Warwick University, Political & International Studies, *Little Sai Wan passes from RAF control to GCHQ*, http://www2.warwick.ac.uk/fac/soc/pais/people/aldrich/vigilant/lectures/gchq/littlesaiwan/ (瀏覽日期：2013 年 1 月 9 日).

14　Asia Times, *Spook Mountain: How US spies on China*, http://www.atimes.com/atimes/China/EC06Ad03.html (瀏覽日期：2013 年 1 月 9 日).

15　Ibid.

16　S. S. Richardson, *The Royal Marines and Hong Kong 1840-1997* (Southsea: Royal Marines Historical Society, 1997), p.24.

17　Peter Nash, "Royal Navy in Korea: Replenishment and sustainability", in Greg Kennedy (ed.), *British Naval Strategy East of Suez, 1900-2000* (London: Frank Cass, 2005), p.155.

18　S. S. Richardson, *The Royal Marines and Hong Kong 1840-1997*, p.24.

19　Ibid, p.62.

20　Ibid, p.62.

21　Neil & Jo Craig, *Black Watch, Red Dawn: the Hong Kong Handover to China* (London: Brassey's, 1998), pp.114-115.

22　M. R. Lawley, ed., *HMS Dido* (Sussex: Chichester Press Ltd., n.d.), p.14.

23　Danny Leung, Executive Producer. "Eye on Stonecutters Island. *Eye on Hong Kong*. TVB, 1992.

24 Byron Farwell, *The Gurkhas* (London: W. W. Norton &Company Ltd., 1984), pp.286-288.

25 Forces Reunited, *415 Maritime troop Stonecutters HK. in 1975*, http://www. forcesreunited.org.uk/members_memories/1763/415_Maritime_troop_ Stonecutters_HK (瀏覽日期：2013 年 3 月 25 日).

26 鄺智文：《老兵不死：香港華籍英兵》(香港：三聯書店，2014)，頁 21。

27 Danny Leung, Executive Producer. "Eye on Stonecutters Island. *Eye on Hong Kong*. TVB, 1992.

28 Ibid.

29 Ibid.

30 The British Army, *Military Corrective Training Centre (MCTC)*, http://www.army. mod.uk/agc/provost/2157.aspx (瀏覽日期：2012 年 9 月 4 日).

31 *Wings Over Hong Kong* (Hong Kong: Odyssey, c1988), p.147.

32 Neil & Jo Craig, *Black Watch, red dawn: the Hong Kong handover to China*, p.113.

33 葉曉祥：《國境極南》(台北：大旗出版社，2011)，頁 68。

34 Danny Leung, Executive Producer. "Eye on Stonecutters Island." *Eye on Hong Kong*. TVB, 1992.

35 Stonecutters Island — 2005-2013, *Stonecutters Island*, http://www. stonecuttersisland.com/ (瀏覽日期：2013 年 1 月 17 日).

36 劉阿榮：〈我們共同的命運──族群、記憶與國家認同〉(未刊稿，元智大學社會系)，頁 3。

37 羅雅駿：〈《杯酒留痕》：啤酒泡沫裏的友情〉，載尹德成、羅雅駿、林澤榮編：《光影中的人生與哲學》(香港：三聯書店，2014)，頁 171。

38 劉阿榮：〈我們共同的命運──族群、記憶與國家認同〉，頁 5。

39 Clare Gibson, *Army Childhood* (Oxford: Shire Publications, 2012), p.53.

40 Stonecutters Island — 2005-2013, *Stonecutters Island*, http://www. stonecuttersisland.com/ (瀏覽日期：2013 年 1 月 17 日).

41 Ibid.

42 Ibid.

43 *Stonecutters Island Forum*, http://members.boardhost.com/StoneIsland/ (瀏覽日期：2014 年 10 月 13 日).

44 Ibid.

08

回歸後駐港解放軍
接管昂船洲

1984 年中英兩國簽訂《中英聯合聲明》，定於 1997 年 7 月 1 日零時將香港主權移交中國。

在《中英聯合聲明》附件一〈中華人民共和國政府對香港的基本方針政策的具體說明〉中，訂明「香港特別行政區的社會治安由香港特別行政區政府負責維持。中央人民政府派駐香港特別行政區負責防務的部隊不干預香港特別行政區的內部事務，駐軍軍費由中央人民政府負擔」。1990 年頒佈的《中華人民共和國香港特別行政區基本法》第十四條亦訂明：

1. 中央人民政府負責管理香港特別行政區的防務。

2. 香港特別行政區政府負責維持香港特別行政區的社會治安。

3. 中央人民政府派駐香港特別行政區負責防務的軍隊不干預香港特別行政區的地方事務。香港特別行政區政府在必要時，可向中央人民政府請求駐軍協助維持社會治安和救助災害。

4. 駐軍人員除須遵守全國性的法律外，還須遵守香港特別行政區的法律。

5. 駐軍費用由中央人民政府負擔。[1]

1994 年 11 月，中英兩國就軍事用地移交的協議，簽署了《大不列顛及北愛爾蘭聯合王國政府與中華人民共和國政府就香港軍事用地的未來使用安排訂立的互換照會》，條文內關於香港主權回歸年後，香港駐軍使用土地的安排如下：

1. 英國政府把 14 幅面積合共 2,751 公頃的軍事用地，無
   償移交中央政府，以供駐軍部隊自 1997 年 7 月 1 日起
   將有關用地完全用於防務目的。

2. 為照顧香港社會及經濟發展的需要，英國政府把 25
   幅面積合共 139 公頃、無須再用於防務目的的軍事用
   地，無償移交香港政府處理；及

3. 因交還 25 幅軍事用地給香港政府處理而須重建 5 幢軍
   用建築物及固定設施。[2]

當中移交解放軍駐港部隊作防務用途的軍事用地，
包括昂船洲。經中英雙方協商下，昂船洲軍火庫的民用
炸藥將會被遷移往他處，而軍用炸藥庫則將會保留。[3] 另
外，英方亦要為解放軍駐港部隊重建一些軍事建築物和
固定設施，包括在昂船洲南岸興建海軍基地，以取代中
區的海軍基地。[4]

昂船洲與其他的軍事基地於 1994 年 9 月進行重新興
建。位於昂船洲南岸的海軍基地工程佔地十六公頃，總建
築面積約三萬五千平方米，包括辦公樓、宿舍、大會堂及
直昇機停機坪等三十四項大小不同類型的建築物，其港池
面積約四百米乘四百米，工程於 1997 年 3 月完成。

根據承建商中國建築國際集團有限公司發放有關興
建昂船洲海軍基地的資料，業主為中國軍方，設計者是
建築署。承建合約金額達港幣十一億兩千八百萬元。資
料內容亦具體說明了工程的困難度。

昂船洲海軍基地大部分座落在新填海區，佔地面積
十二萬平方米，是一項集地下基礎工程、土木工程、樓

為興建新港池，昂船洲南岸於 1995 年進行填海工程。

1996 年進行的填海工程，已見港池基本輪廓。

宇工程、機電設備及園林工程為一體的大型綜合性工程。

昂船洲海軍基地工程規模龐大，包括逾三十四項大小不同類型建築、構築物。該工程工期短、工程量大、範圍廣泛、施工難度大。主要工程量為：打樁工程九百六十二支；釘板工程十七萬平方米；鋼筋工程六千噸；混凝土工程五萬立方米；地下隧道一百米；地下管線鋪設六點六萬米；主要道路二千米。

此外地盤內六十多米高的瞭望塔樓應用了自爬式滑模和預應力臨時懸臂架，大大縮短了施工期和樓外施工空間。[5]

中英雙方就軍隊交接自 1995 年以來，中英聯合聯絡小組及專家會議上已多次討論駐香港部隊少量人員要提前進港，以便中國軍隊在 7 月 1 日正式履行防務職責預作必要準備。及後，雙方同意解放軍在 1997 年 4 月下旬開始派駐先遣人員進駐香港，駐香港部隊分三批提前進入香港，。自 4 月下旬，先後有三批先遣人員抵港，包括 4 月 21 日，人數為四十人；5 月 19 日，人數為六十人，以及 5 月 30 日，人數為九十六人。[6]

解放軍派駐先遣人員進駐香港的用意是為了交接暢順，時為駐港三軍司令的鄧守仁少將（Major-General Bryan Hawkins Dutton, 1943－　）表示先遣人員因此可瞭解英軍在訓練、營房管理和通訊等各方面的運作，符合香港的整理利益。[7]

位於昂船洲的添馬艦海軍基地，在 1997 年 4 月 11 日關閉，但是三艘護衛艦的艦艇部隊運作至 6 月 30 日，其後護衛艦悉數轉售菲律賓海軍。[8]

1997 年 7 月 1 日凌晨，昂船洲海軍基地移交中國人民解放軍接管，適用於昂船洲軍事地區的法理依據，亦改以《中華人民共和國香港特別行政區駐軍法》為依歸。

根據《中華人民共和國香港特別行政區駐軍法》第一章第二條，派駐香港特別行政區負責防務的中國人民解放軍駐香港部隊，由陸軍、海軍、空軍部隊組成。而第二章第五條，雖然沒有刻意寫下昂船洲的名字，但卻明確訂立了昂船洲的法律地位。根據第二章〈香港駐軍的職責〉第五條（三），香港駐軍履行防務職責，包括：管理軍事設施。第三章〈香港駐軍與香港特別行政區政府的關係〉更進一步詮釋了香港特別行政區政府在管理軍事禁區的角色，當中第十二條指出駐港部隊和香港特別行政區政府共同保護香港特別行政區內的軍事設施；駐港部隊會同香港特別行政區政府劃定軍事禁區，而軍事禁區的位置、範圍，則由香港特別行政區政府宣佈。至於軍事禁區內的自然資源、文物古蹟以及非軍事權益，應當依照香港特別行政區的法律予以保護。

根據《駐軍法》第二條，中國人民解放軍駐港部隊由陸軍、海軍、空軍部隊組成，當中海軍部隊駐守於昂船洲的海軍基地，而南海艦隊的成員為香港駐軍海上部隊的骨幹。[9]

昂船洲海軍基地

1997 年 7 月 1 日零時，一項簡單而隆重的交接儀式在中區的威爾斯親王軍營進行，由十八人組成的駐港英

軍海陸空衞隊，由指揮官帶領下於 6 月 30 日晚上二十三時五十五分，與中國人民解放軍駐港部隊的海陸空衞隊，在軍營內進行交接儀式。兩軍指揮官互相報告及敬禮後，英軍指標官命令衞兵步操離開軍營向停靠軍用碼頭的漆咸號驅逐艦進發，英軍駐港的歷史亦正式終結。

與此同時，三十九輛軍車在熊自仁少將領導下，從皇崗口岸進入香港，當中有一百八十三名官兵進駐昂船洲軍營，開始肩負起保衛香港的責任。凌晨四時半，停泊在深圳媽灣港的駐港海軍艦艇編隊駛離港口，向香港進發。編隊包括導彈護衞艦、巡邏艦、交通艇。編隊經龍鼓水道、汲水門進入香港。七時三十分，正式進駐昂船洲海軍基地。[10]

駐守昂船洲海軍基地的是中國人民解放軍駐港部隊的海軍艦艇大隊，駐港三軍合成部隊包括陸軍一個步兵旅、海軍一個護衞艇大隊和空軍航空兵一個團。其中護衞艇大隊包括五艘 037II 型紅箭級大型導彈護衞艇，以及若干輔助船隻。五艘導彈護衞艇，均用廣東省縣一級的地名來命名：陽江號（舷號：770）、順德號（舷號：771）、南海號（舷號：772）、番禺號（舷號：773）、新會號（舷號：775）。2013 年 7 月 1 日，中國人民解放軍駐港部隊海軍巡邏大隊正式列裝中國自行設計的 056 型江島級護衞艦。[11]

兩艘加入駐港部隊海軍巡邏大隊的江島級護衞艦，分別是惠州號（舷號：596）和欽州號（舷號：597）。江島級護衞艦長八十九米，舷寬約十二米，排水量有約一千四百噸。艦上主要武器是一門七十六毫米主炮、兩

座 H/PJ-17 型三十毫米機炮。此外，六座配備 HQ-10 型八聯裝短程防空導彈、兩座雙聯裝鷹擊 83 導彈、兩座三聯裝三百二十四毫米魚雷發射管、一挺十二點七毫米機關槍。偵測方面，江島級護衛艦主要對海空偵測系統為 SR64 型搜索雷達，另外亦有一座 TR47 型火控雷達，艦上亦配備一架直 9 式直昇機。[12]

中國人民解放軍駐港部隊主要擔負海上巡邏警戒、護漁護航、單獨或協同執行反潛或對海作戰等任務，是解放軍海軍基地防禦的主戰裝備。駐守香港期間，曾參與多次活動，當中海軍部隊曾在 2006 年參與了該年的海上搜救演習，駐守在昂船洲海軍基地的六艘紅箭級大型導彈護衛艇亦參與其中。[13]2014 年 9 月，颱風海鷗襲港期間，056 型護衛艦亦會航行至維多利亞港內執勤。

遼寧號抵港

為慶祝香港特別行政區成立二十週年，中國第一艘航母遼寧號（舷號：16），陪同導彈驅逐艦濟南號（舷號：152）、導彈驅逐艦銀川號（舷號：175）、導彈護衛艦煙台號（舷號：538），三艘屬艦於 2017 年 7 月 7 日抵港，展開其五天香港之旅。

當天早上五時五十分，遼寧號及其餘艦隻駛抵蒲台島南面海域，徐徐駛向香港。遼寧號經東博寮海峽，轉至青衣島以南、交椅洲以北停靠。為確保安全，隸屬駐港解放軍部隊的惠州艦，在遼寧號即將停泊的青衣南面海域巡弋。

遼寧號同編隊的三艘屬艦，包括導彈驅逐艦濟南號、銀川號和導彈護衛艦煙台號隨遼寧號駛進香港後，則停泊於昂船洲軍營。

當天上午約九時，導彈護衛艦煙台號率先駛入昂船洲海軍基地，隸屬香港消防處的消防船射水迎接。隨後的彈驅逐艦濟南號、導彈驅逐艦銀川號亦相繼抵達和靠岸。解放軍駐港部隊在昂船洲海軍基地，為編隊舉行歡迎儀式。

三艘停泊於昂船洲海軍基地的戰艦，各具備不用的設計、戰備和任務。滿載排水量四千噸的煙台號是中國人民解放軍海軍第九艘 054A 型導彈護衛艦。煙台號由黃埔造船建造，於 2010 年 8 月下水，2011 年 6 月入列，隸屬北海艦隊。是次到港，主要執行遼寧號航母編隊反潛任務。

滿載排水量六千四百噸的濟南號，由江南造船廠開工建造，2011 年 12 月命名，2012 年 1 月下水，2014 年 12 月 19 日交付，2014 年 12 月 22 日入列，是中國人民解放軍海軍第五艘 052C 型導彈驅逐艦。濟南號裝備多套由中國自主研發的新型武器裝備，可以協同海軍其他兵力攻擊水面艦艇、潛艇，甚至可以單獨作戰，具有較強的遠程警戒探測和區域防空作戰能力，亦有較強的反潛能力。

同編隊中，三艘屬艦最大滿載排水量是銀川號，該艦的滿載排水量約七千六百二十三噸。銀川號是中國人民解放軍海軍第四艘 052D 型導彈驅逐艦，2014 年 3 月 28 日下水，2016 年 7 月 12 日入列。隸屬南海艦隊的銀

川號，為海具有較強的區域防空及對海以及對陸作戰能力，被譽為「中華神盾」。銀川號和濟南號主要是承擔編隊區域防空探測、打擊任務。

遼寧號艦隊訪港期間，除了官式活動和讓艦上官兵整休外，三艘停靠在昂船洲海軍基地的屬艦，成為軍營開放日活動的一部分供持票市民參觀。

遼寧號艦隊結束五天的訪港行程，當天早上十時於昂船洲軍營舉行歡送儀式，政務司司長張建宗及一眾政府官員及解放軍駐港部隊於昂船洲軍營為編隊送行，三首屬艦將與遼寧艦在海外會合，繼續執行跨區機動訓練任務。遼寧號航母編隊訪港是遼寧號航空母艦自 2012 年入列以來，首次停泊在中國內地以外的地方及首次向公眾開放參觀。

註釋

1　《中華人民共和國香港特別行政區基本法》（香港：香港特別行政區政府政制及內地事務局，2012），頁 5－6。

2　立法會秘書處資料研究部：《中華人民解放軍駐港部隊》（香港：立法會資料研究部，2004），頁 8－9。

3　同上，頁 11。

4　同上，頁 12。

5　中國建築國際集團有限公司：《昂船洲海軍基地》，http://www.csci.com.hk/cscec/Portals/p1/a/content1.aspx?id=5ccb57a7360a4abaa96d1617b8f67ae6&cid=bc3286ec2a82487f9c0dfd20d2bc62ad（瀏覽日期：2014 年 10 月 2 日）。

6　孫曉青，陶克編著：《全球聚焦 36 小時：駐港部隊隨軍記者現場寫真錄》（西安：陝西人民出版社，1998），頁 93。

7　同上，頁 94。

8　新華社解放軍分社、新華出版社編著：《中國人民解放軍駐香港部隊寫真》（北京：新華出版社，1997），頁 154。

9　立法會秘書處資料研究部：《中國人民解放軍駐港部隊》，頁 3。

10　孫曉青，陶克編著：《全球聚焦 36 小時：駐港部隊隨軍記者現場寫真錄》，頁 97－98、193－196。

11　八一軍事：《中國 056 型護衛艦進駐香港，堅決打擊反恐行動》，http://www.junshi81.com/hqsy/junqing/2014/0926/56416.html（瀏覽日期：2014 年 9 月 30 日）。

12　〈056 輕型護衛艦列世界十佳〉，《文匯報》，2014 年 2 月 26 日，頁 A18。

13　〈駐港部隊參與海上搜救演習〉，《香港海事通訊》，2006 年第 25 期（2006 年 10 月），頁 1、7。

填海工程與
公共設施

隨着社會急速發展，土地需求大增，香港城市面貌亦隨之而改變。1989 年 10 月 11 日，香港總督衛奕信爵士在《施政報告》中提出《港口及機場發展策略》，決定興建新港口、機場和相關配套設施。香港的空運物流重心向西移至大嶼山的赤鱲角，位處九龍半島西端的昂船洲亦開始經歷翻天覆地的變化。

填海工程

香港土地資源緊絀，市區沿海大部分土地都是透過填海造地得來的，例如觀塘的工業地段、啟德機場及土瓜灣一帶。而位處九龍半島西北的荔枝角和長沙灣亦是自 1950 年代開始不斷填海以迎合當地的發展需求。劉振華在《香港填海史略》中指出：

> 1956 年 1 月，政府在長沙灣建一條長 1,500 尺的海堤 ⋯⋯1956 年底，已建好 750 尺，將來這項填海工程完成之後，會增加 67 畝半的新填地，以為房屋和工業發展之用。[1]

1960 年代至 1970 年代，香港政府推行新市鎮發展，在不同地區進行填海工程，當中包括荃灣、沙田、屯門，新增的土地發展成住宅和工商業用地。以沙田為例，沙田海大部分面積被填為陸地，海面縮窄成為一條水道，即現今的城門河。填海所得的土地上，興建了多條公共屋邨，以及沙田市中心。

隨着人口增加和工商業發展，香港政府在 1984 年，決定展開大規模規劃，以配合香港的未來發展方針，當

中包括昂船洲的未來發展藍圖，建議以填海方式將該島與九龍半島連接起來，並進行階段性發展來配合香港的城市的發展。

城市規劃

為保持香港的經濟發展，港督尤德爵士（Sir Edward Youde）於 1984 年 5 月 9 日根據《城市規劃條例》第三條規定，要求城市規劃委員會為尚未包括在法定圖內的其餘主要市區地區計劃長遠發展大綱。當中包括土地用途、主要道路和其他運輸系統，以及訂明特定發展規範，作出法定規劃管制。眾多份分區計劃大綱圖內，包括了《昂船洲分區計劃大綱草圖》。

自 1984 年起，城市規劃委員會發表了多份《昂船洲分區計劃大綱草圖》，而根據不同時期的計劃大綱草圖，足以看到昂船洲東北部在 1980 年代以來的高速發展。《昂船洲分區計劃大綱草圖第 S/SC/1》形容 1990 年的昂船洲是一個位於九龍半島以西兩公里及葵涌貨櫃碼頭以南的離島。總面積只有九十二點八公頃，當中百分之八十二點四的土地是軍事用地，島上約兩百名居民均居住在軍事地區內。而計劃大綱草圖內所提出的填海面積達一百四十五點二公頃，以此增加可用土地。[2]

1992 年 12 月 11 日，城市規劃委員會向公眾展示《昂船洲分區計劃大綱草圖編號 S/SC/2》。該圖收納了毗連的填海區發展。經廣泛諮詢後，政府接納了填海造地的建議。昂船洲填海工程的前期工程隨即展開，填海

工程完成後，島嶼將與九龍半島連接起來，成為該半島的一部分。

1995 年 12 月，環境保護署曾諮詢深水埗區議會有關填海工程對該區的環境影響，區議員對這項工程計劃並無異議。環境保護署署長於 1996 年 1 月完成工程計劃的初步環境檢討，並於同年 6 月完成另一次檢討。所得的結論是，這項工程計劃會對環境造成影響的可能性很低，因此無須進行環境影響評估。

1999 年 12 月 24 日，城市規劃委員會再向公眾展示《昂船洲分區計劃大綱草圖編號 S/SC/3》。把一幅前臨海港內灣的土地，由「其他指定用途」註明「軍事用途」地帶改劃為「政府、機構或社區」地帶。這是自 1889 年《昂船洲條例》訂立後，首次有部分土地被界定為非軍事用途。

隨着西九龍的高速發展和市區整合，昂船洲因填海關係與九龍半島連接起來，並且併合到地方行政區域內。2000 年發表的《昂船洲分區計劃大綱核准圖編號 S/SC/4》內指出昂船洲分屬深水埗及葵青行政區的一部分，東北面以青葵公路為界，北面與荔枝角連接，面積為三百三十五公頃。[3] 文中亦詳細列出整個地區的發展：

該區大部分地方已經發展起來。該區南部的發展以各項與海運及軍事有關的用途為主，三個貨櫃碼頭（第六號、第七號及第八號）及貨櫃後勤設施則分布於西部及北部。沿西岸海岸一帶，設有與貨櫃有關的用途，以配合公眾貨物裝卸區及中流作業活動。該區東部主要用作政府船塢及其他政府部門設施、船塢及依靠海運的工業用途。[4]

在整個地區的發展而言，位於東北部分的四點三八公頃被列為低密度工業發展，以興建貨倉、巴士廠房等工業建築物為主。十二點二七公頃的土地被規劃為興建「政府、機構或社區」用途。餘下的二百九十一點三四公頃，則撥作特定用途，包括軍事、航運、環境衛生等等。當中位於南部大部分土地由中國人民解放軍作各類軍事用途。東北部海旁則用作安置原位於長沙灣海灣內受西九龍填海影響的船廠。另外亦提供土地作為遠洋輪船購買食水的供水停泊處，以及新世界第一渡輪服務有限公司的緊急維修站。[5]

在 2000 年發表的《昂船洲分區計劃大綱核准圖編號 S/SC/4》所提及發展用作環境衛生用途的土地，則包括興建兩所污水處理廠和一所垃圾轉運站。[6] 以上各項新建成的設施，改善了昂船洲的面貌，而從一些政府設施，可瞭解土地用途是如何與市民生活息息相關。

新增土地不只增加了昂船洲的土地面積，亦使該小島成為了九龍半島的一部分。行政分區將昂船洲一分為二，分別屬於深水埗區和葵青區。而土地使用，則以興建公共設施為主。

政府船塢

為配合西區海底隧道和西九龍快速公路的建造計劃，香港政府根據「西九龍填海計劃北部地區第 I 期」發展計劃，把原位於油蔴地的九龍政府船塢遷往昂船洲東北角，依樣重置各項設施，整項工程在 1995 年 4 月完成。

1997 年，隨着香港回歸中國，皇家海軍的昂船洲基地正式關閉，基地內的船塢將會亦於主權回歸前移交給香港政府作為政府船塢。因此，1997 年 6 月 4 日，立法局工務小組委員會在 1997 年 6 月 4 日的會議中，談論有關昂船洲政府船塢永久設施。[7]

從深水埗望向昂船洲，可清楚看到政府船塢。

會上，建築署署長建議把「昂船洲政府船塢永久設施」工程計劃提升為甲級；按付款當日價格計算，估計費用為兩億五千萬元，主要是興建昂船洲政府船塢的永久設施。這項建議獲經濟司和海事處處長支持。

建築署署長指出昂船洲的英國皇家海軍添馬艦基地將於 1997 年 6 月 30 日移交政府，成為政府船塢的一部分。原英軍設施必須改為適合海事處、香港海關和土木工程署使用的永久設施。工程範圍包括：

a. 修建騰出的工場和倉庫，用作海事處海事訓練學校和工場；

b. 改建現有行政辦事處，以符合香港海關的需要；

c. 興建一座新大樓，供海事處轄下的政府新建船舶組使用，並用作海事處和土木工程署辦公的地方；

d. 修復現有船台的海堤；

e. 修建繫泊設施，以供船隻靠泊；

f. 修建現有的保安圍欄和警衛室；以及

g. 改善政府船塢地面的情況，鋪上耐用的混凝土。

　　整座船塢在 2005 年 5 月竣工。總面積為十八萬一千二百平方米，其中包括佔地面積九萬八千二百平方米及塘口面積八萬三千平方米。船塢設有二十二個碼頭泊位和三十個露天船隻維修位。起重設備包括：七百五十噸船隻升降平台一部，三十五噸、六十三噸，以及兩百噸膠轆移動式起重機各一部、一百六十噸鏈帶移動式起重機一部，以及十五噸、二十噸，以及三十噸吊重車共五部。船塢營運開支為每年約四億港元。[8]

　　香港政府船塢遷往昂船洲，除了因九龍政府船塢拆遷外，香港政府船隊的擴充是另一個原因。1997 年，香港政府已擁有一支規模頗大的船隊，期間亦因應不同需要而不斷擴充。2011 年，香港政府擁有約七百八十多艘船，分別隸屬於不同部門，包括消防處、香港海關、警務處、海事處、環境保護署等部門。當中約有一百六十艘屬於大型機動船。負責設計、採購及維修船隻是由位於昂船洲的政府船塢負責。[9]

海事處

　　除了船塢外，海事處亦在昂船洲建設了其他設施。該處轄下的政府新建船舶組和海事訓練中心，原設於皇家海軍基地港口東面。1997 年 7 月，港口移交中國人民解放軍後，上述兩所設施亦須遷往政府船塢內。

　　海事處轄下的香港海事處訓練中心佔地兩百五十平方米，設施包括船隻模擬駕駛系統，用作航行訓練，令學員熟習船橋的操作。另外，還裝置了模擬船隻航行監察系統（Vessel Traffic Service），以及模擬全球海上遇險及安全系統（Global Maritime Distress and Safety System），用作船隻航行監察訓練。[10]2012 年 5 月，通訊事務管理局批准海事處訓練中心舉辦符合《航海人員訓練、發證及航行當值標準國際公約》（*International Convention on Standards of Training, Certification and Watchkeeping for Seafarers*），規定的全球海上遇險和安全系統通用值機員證書及限用值機員證書的課程與考試。

香港海關

　　香港海關海域行動組原設於九龍政府船塢內，因該船塢拆遷關係，因此行動組亦遷往昂船洲。

　　2007 年，海關的船隊由合共十九艘船隻組成，包括五艘區域巡邏艇、八艘充氣小艇、四艘高速截擊艇和兩艘淺水快艇。每類船隻在打擊香港水域內的走私活動方面都擔當特定的職能。[11]當中區域巡邏，是經常在香港

水域維持海關巡邏，以阻嚇和阻截走私活動。此外，在大型反走私行動中，區域巡邏艇會充當指揮中心，為其他海關船隻提供支援。

2012 年，海關一共偵破一百九十九宗涉及未列艙單貨物的案件。在這些案件中，一百七十九宗涉及在香港與中國之間走私物品，當中八十八宗為海路走私案。走私集團亦利用大馬力快艇或海運貨櫃，把熱門物品運往中國。走私商品包括流動電話及配件、電腦硬件及海產等物品。而在所有海上破獲的走私案件中，電腦配件及電訊器材為最熱門的走私物品。[12]

土木工程署

土木工程署工程技術部和測量部原設於銅鑼灣，因受該區的建築工程影響，因此需要把工程部和測量部的辦事處遷往政府船塢，因該處可提供臨海地方給土木工程署的潛水隊使用。

政府在 2002 年 7 月 1 日推行問責制，各主要官員須檢討其轄下政策局和部門的組織架構，以提高施政效率和成效。2003 年 7 月，政府公布把土木工程署和拓展署合併為一個新的部門。經立法會咨詢後，2004 年 7 月 1 日，土木工程署與拓展署合併，改稱為土木工程拓展署。兩署合併後，潛水隊改為隸屬於署內的土木工程處。[13]

土木工程拓展署潛水隊的主要工作範圍，包括為部門負責進行的工程提供潛水服務。[14] 另外，若有飛機失

事墮海，派遣潛水人員和調配水上設備到場，協助進行打撈行動。[15]

消防處

除了土木工程拓展署的潛水隊外，另一支隸屬政府部門的潛水隊亦以昂船洲為家。消防處潛水組及潛水基地便是設在政府船塢內。

消防處潛水組及潛水基地耗資一點四四億元，於2009年10月竣工。潛水訓練基地，以提升潛水隊技術為主，當中包括沉船搜救技術。[16] 這座五千五百五十平方米的潛水訓練中心，設有：（一）一個長二十五米、闊十一米、深八米的潛水訓練池；（二）訓練設施，包括講學室、工具修理室及示範室、深潛訓練室（包括一個深潛模擬器和一個兩艙式減壓艙）、模擬激流池、水中切割焊接訓練水缸、製浪機，以及一套模擬救援人員從直升機吊入水中拯救的系統；（三）支援設施，包括車房、貯物室、宿舍、急救室、危險品倉庫、消防控制室等設施；（四）訓練場地，包括供步操及進行行動演習的操場；（五）其他設施，包括停泊設施、吊機、固定碼頭和浮動碼頭。

急流池能夠製造急湍水流環境，最高流速達每秒一點五米。另外，潛水訓練池上方裝設有四個巨型風扇及於水池放置製浪器，風扇可製造出直升機定點飛行時產生的巨大下沖氣流，使海浪最高達一點八米，模擬風高浪急的海面環境，好讓隊員在模擬的惡劣環境下進行訓練。[17]

消防處的潛水員需要充足及適當的訓練，以確保他

設備精良的六號滅火輪卓越號

....

們的行動效率和能安全地執行潛水職責。由於香港港內
水中有大量淤泥阻擋陽光,能見度經常處於低水平。另
外,水中還可能有大量生物及化學污染物,因此,香港
進行海上及水底救援行動,潛水員必須得到適當訓練及
保護,才能在惡劣環境下安全執勤。

　　以往,消防處潛水員須在外海水域進行訓練,包
括初級訓練。此外,香港亦欠缺進行高級潛水救援技術
訓練課程的設施,消防處為其潛水員提供這類訓練時,
須派員到外國進行。消防處亦有協助其他部門訓練潛水
員,如香港警務處和香港海關。因此,潛水訓練中心亦
為其他政府部門,提供更好的訓練設施,滿足各部門的
訓練需要。

潛水基地內亦設有加壓艙，為接受訓練的隊員進行減壓，避免出現潛水夫病。該加壓艙亦供患潛水夫病的市民使用。[18] 上海打撈局蕪湖潛水裝備廠曾參觀香港消防處潛水基地，當中由德國 HAUX 公司設計、製造的深潛模擬器（一百米深潛水類比訓練系統）給工程技術人員留下深刻印象。[19]

消防處潛水基地的建成，提供了良好的訓練環境，而 2012 年發生的南丫島海難事故，見證了潛水基地訓練的成果。

2012 年 10 月 1 日晚，港九小輪公司渡輪海泰號與香港電燈公司客輪南丫 IV 號在南丫島榕樹灣碼頭對開海面相撞，南丫 IV 號迅即下沉，導致船上百多名乘客墮海，亟待救援。消防處接獲報告後，派遣多艘滅火輪、消防快艇發生事故的位置展開搜救。救援隊抵達現場後，消防人員隨即搶救墮海人士，潛水員亦多次潛入海中搜救。[20] 駐守潛水組竹篙灣潛水拯救車的消防員許家俊憶述當時災場環境惡劣，風浪大、水流急，能見度低，為救援行動添上困難。他表示：「日常訓練已有準備在黑夜及水流湍急的環境下進行搜救，以往亦曾參與水底拯救行動，包括 2008 年在本港發生的烏克蘭沉船事件，累積了經驗。」[21]

污水處理廠

為解決香港的水質污染，政府早在 1971 年已聘請顧問公司調查污水處理問題，並且在 1989 年訂下整治污水的時間表；計劃興建價值超過兩百億元的污水排放系

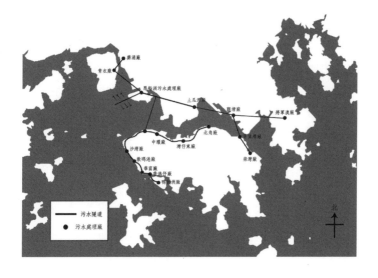

「淨化海港計劃」是透過深層污水隧道,把來自基本污水處理廠的污水輸送往昂船洲
污水處理廠進行處理及排放(張加祈小姐繪製)。

統,名為「策略性污水排放計劃」。

　　港督彭定康在其任內的首份施政報告提出了「策略性排污計劃」(後改稱為「淨化海港計劃」)。「策略性排污計劃」原本計劃是要透過管道收集來自九龍及香港島東北的污水輸送至昂船洲的一級污水處理廠作進行中央化學輔助一級污水處理,然後再以深海管道排放出大海。

　　「策略性排污計劃」,首期工程於 1994 年開始動工,當中包括興建平均深度為一百米的海底下建造長達二十三點六公里的深層隧道系統,當中包括一條由葵涌及青衣通往昂船洲的兩條西面隧道,以及由土瓜灣通往昂船洲的東面隧道。另外亦建造一條長一點七公里、直

徑五米的排放管和一條長一點二公里的擴散管道。[22]

由於原來的承建商在 1996 年中以不可能履行合約條款為由，單方面停止所有隧道工程，而最後導致政府於 1996 年 12 月收回兩份合約。[23]

餘下的隧道工程以三份獨立合約的方式重新批出，每份合約包括了兩條隧道的工程。西面隧道合約於 1997 年 7 月批出，完工期為 1999 年 8 月。其餘東面隧道的兩份合約亦於 1998 年 1 月批出，完工期分別為 2000 年 2 月及 4 月。三名承建商均在批出合約後積極重新展開隧道工程。[24]

基於整項工程是以隧道連接，因此深層隧道亦陸續興建及連接往昂船洲。西面隧道的挖掘工程在 1997 年年底重新展開，分別是：（一）由葵涌通往青衣；以及（二）由青衣通往昂船洲。使用隧道鑽挖機進行挖掘的青衣至昂船洲隧道，工程目前已完成了約百分之二十五。這條隧道的挖掘工程除了受到更換起重機系統的阻延外，地質問題亦影響了挖掘進度，包括土石掉進隧道的情況。[25]

東面隧道包括：（一）柴灣及將軍澳通往觀塘；（二）觀塘通往土瓜灣；以及（三）土瓜灣通往昂船洲。當中觀塘至土瓜灣及土瓜灣至昂船洲的隧道的挖掘工程分別於 1998 年 8 月及 9 月展開。[26]

時任署理環境食物局局長鄧國威在 2001 年 1 月 10 日在立法會會議上就「策略性污水排放計劃」的動議辯論致辭全文中表示：

1994 年的國際專家小組其實亦有考慮在昂船洲裝置三級污水處理設施，並曾研究生物曝氣過濾系統的可行性。但由於當

時這種系統尚未完全成熟，亦未在其他地方作廣泛及大規模的使用，所以當時的專家小組並無建議政府採用這種技術。正如2000年的專家小組在立法會環境事務委員會上提到，在過去幾年間，生物曝氣過濾系統的技術已日趨成熟，並且開始在其他地方有成功的運作經驗。在考慮到這個新發展及昂船洲污水處理廠較預期為佳的顯著成效後，專家小組建議政府在昂船洲設置這種三級污水處理系統，以配合第一階段的工程。專家小組並認為經過三級污水系統處理的污水，可以經由昂船洲的第一階段海底管道永久排放出海。政府再無須加建深層隧道將經處理的污水引到香港南面水域排放。但專家小組亦理解到香港的污水鹽含量較高，故建議政府要為生物曝氣過濾系統在香港的技術可行性作出試驗。[27]

改稱為「淨化海港計劃」已進展至第二期甲工程亦於2015年12月啟用，除了改善北角、灣仔東、中環、沙灣、數碼港、香港仔、華富和鴨脷洲的八個現有基本污水處理廠外，昂船洲污水處理廠化學處理污水的負荷量亦提升至每日二百四十五萬立方米。此外，來自基本污水處理廠的污水透過全長約二十一公里的深層污水隧道輸送往昂船洲污水處理廠進行處理，使維多利亞港內水質進一步改善。[28]

道路網絡

隨着昂船洲與九龍半島因填海關係而至陸地相連，因此市區的道路網絡亦首次將昂船洲納入於網絡內。根

據《昂船洲分區計劃大綱核准圖編號 S/SC/6》，整個道路設計是：

> 該區經貨櫃碼頭南路與荔枝角連接。三號幹線的青葵公路，沿該區東北緣而建，是另一條貫通該區及新界地區的道路。區內還有通往貨櫃碼頭、貨櫃後勤用地、軍事用地及污水處理廠的道路。[29]

除了完善的道路網絡外，千禧年代初興建的昂船洲大橋亦成了香港的一個新地標。早在 1989 年，路政署展開了三號幹線的研究工作，已確定興建昂船洲大橋，並以該橋連接青衣島南部和葵涌，作為三號公路的替代路線，以應付位於赤鱲角的新香港國際機場的需求。[30]

為使昂船洲大橋的設計更出眾，路政署在 2000 年宣布舉辦一項名為「昂船洲大橋設計比賽」，共有數十支來自本地及海外的設計隊伍參加，而其中有十六隊通過參賽資格預審。提交了的二十七份橋樑設計中，冠軍由 Halcrow Group Limited, Flint & Neill Partnership, Dissing + Weitling, Shanghai Municipal Engineering Design Institute 組成的隊伍勝出。[31]

大橋的工程合約在 2003 年招標，由三間日資和一間港資的聯營公司投得，並於 2004 年 4 月 27 日開始動工。

昂船洲大橋的興建，被美國探索頻道（Discovery Channel）選為 *Extreme Engineering* 節目的建築物之一。[32] 當中更在第五季和第七季的節目中，介紹了昂船洲大橋的興建過程和困難。而美國探索頻道亦曾在《浩大工程》

(*Kings of Construction*) 記錄了昂船洲大橋的施工困難。

昂船洲大橋是一座「斜拉索橋」(cable-stayed bridge)。橋的主跨距超過一千零五十八米，是全球第二長的斜拉索橋。[33] 橋塔高二百九十八公尺，香港最高的橋塔，比起巴黎艾菲爾鐵塔還要高。上半部是一百二十公尺高的不鏽鋼尖頂，錨箱位於尖頂內，纜索由巨大的托座出發連接下方遠處的橋面，而尖頂和錨箱在廣東省建造。

籌劃大橋興建工作的路政署主要工程管理處高級工程師黃劍波表示跨海橋身部分是最矚目，兼且難度也最大。他說：「跨海的橋身部分，會是像懸臂伸出去；以預製組件製成的橋身，逐一由躉船吊上半空燒焊連接，再跟拉索連接。當橋身伸出愈遠時，會愈受到風力影響，也是橋最脆弱的時候；直至兩邊的『大臂』合籠時，橋身才會穩定下來。」[34]

過去橋身較長的橋梁，多以青馬大橋的「吊橋」方式興建；斜拉索橋主要利用拉索「約束」橋身，毋須建造較深的橋躉作支撐，相對較具成本效益。[35]

路政署在建造前已曾作出一系列抗撞評估，並曾經在荷蘭作實地測試，橋塔可承受五百兆噸的應力，意指橋塔能承受一艘十多萬噸的船隻以六海里的速度衝撞。加上橋身高逾七十三米，亦確保了不會出現船撞倒橋的意外。[36] 昂船洲大橋的抗地震和抗風力評估，亦需要掌握得很十分準確，令大橋能有足夠的強度，包括設計時已確保大橋能承受超過十號風球的風速，測試是假設以

昂船洲大橋於 2009 年 11 月 12 日竣工，並於同年 12 月 20 日通車。

十號風球作為最高風速，再乘以一點九倍的安全系數為基準。[37]

　　為確保不鏽鋼表層符合嚴謹的規定，路政署委聘英國 Ancon Buildings Products Limited 的一名專家製造出一個一比一的不鏽鋼外殼預製元件的模型，目的是要確定表層達到良好的焊接飾面。[38]

　　昂船洲大橋施工期間，曾遇上預計不到的狀況而引致超支和延誤。進行橋塔地基工程時，碰到複雜地質問題，原西面橋塔地基設計預算樁柱為六十米至七十米深。但意料不到是該地基下有陡峭斷層（fault），且自地深六十米急速往下延伸至一百六十米。由於此斷層局部而陡峭，橋塔地基設計需要修改以配合實地需要，包括樁柱的長度需延伸到九十米至一百一十米深。[39]

昂船洲大橋建成後，安裝一套風力及橋樑結構健康監察系統，以監控大橋對不同荷載情況，包括風荷載、溫度荷載和公路荷載等反應，以確保大橋能妥善地運作。[40]

昂船洲大橋於 2009 年 11 月 12 日竣工，並於同年 12 月 20 日通車。[41] 昂船洲大橋的建成，使它與青馬大橋連同汀九橋成為貫通了九龍半島西部交通的主要幹道，昂船洲大橋亦是九號幹線的重要部分，橫跨葵涌貨櫃碼頭的入口。[42]

註釋

1　劉振華：《香港填海史略》（香港：香港大學，1961），頁缺。

2　規劃署：〈說明書〉，載《昂船洲分區計劃大綱草圖第 S/SC/1》，1990 年 2 月，頁 2。

3　城市規劃委員會：〈說明書〉，載《昂船洲分區計劃大綱核准圖編號 S/SC/4》，2000 年 6 月，頁 2。

4　同上，頁 2。

5　同上，頁 2 至 3。

6　同上，頁 4。

7　立法局：《工務小組委員會討論文件：總目 703－建築物，政府辦事處 - 政府內部服務，62KA- 在昂船洲政府船塢提供永久設施》，1997 年 6 月 4 日。見 PWSC(97-98)34。

8　〈政府船塢落實節約船隻維修成本措施〉，《香港海事通訊》，2001 年第 5 期（2001 年 6 月），頁 5；《海事處政府船塢簡介》，GD/AUG/2011。

9　《海事處政府船塢簡介》，GD/AUG/2011。

10　〈香港海事處訓練中心五月揭幕〉，《香港海事通訊》，2001 年第 6 期（2001 年 9 月），頁 7。

11 立法會：《財務委員會討論文件：總目 31－香港海關，分目 603 機器、車輛及設備，新項目「更換 3 艘區域巡邏艇」》，2007 年 5 月 25 日。見 FCR(2007-08)12。

12 香港海關：《香港海關年刊 2012》（香港：香港海關，2013），頁 8－11。

13 立法會：《財務委員會：人事編制小組委員會討論文件》，2004 年 4 月 28 日。見 EC(2004-05)5。

14 拓展署：《二零零一至零二年度資源增值計劃》（香港：拓展署，2002），頁 1。

15 政府總部保安局緊急事故支援組：《打撈失事飛機應變計劃》（香港：香港特別行政區政府，2002 年），頁 6。

16 〈消防潛水基地‧訓練 150 拯救隊員〉，《文匯報》，2010 年 9 月 16 日。

17 同上。

18 同上。

19 上海打撈局蕪湖潛水裝備廠：《我廠組織工程技術人員參觀香港消防處潛水基地》，http://www.719coes.cn/display.asp?id=148（瀏覽日期：2014 年 3 月 6 日）。

20 〈處長陳楚鑫就南丫島撞船事故，讚揚消防處人員的專業表現〉，《精英專訊》，2012 年第 6 期（2012 年），頁 1。

21 〈南丫島海難救援人員談經歷：危難顯人性光輝‧無私市民是英雄〉，《精英專訊》，2012 年第 6 期（2012 年），頁 1。

22 立法會環境事務委員會規劃地政及工程事務委員會：〈策略性污水排放計劃第一期隧道工程進展〉，1999 年 2 月 5 日。

23 同上。

24 同上。

25 同上。

26 同上。

27 〈立法會：策略性污水排放計劃動議辯論〉，《新聞公報》，2001 年 1 月 11 日。

28 〈立法會十六題：維港沿岸水質〉，《新聞公報》，2016 年 2 月 24 日。

29 城市規劃委員會：〈說明書〉，載《昂船洲分區計劃大綱核准圖編號 S/SC/6》，2002 年 10 月，頁 5。

30 Rory O'Gardy & Jackey K. M. Kong, *Stonecutters Bridge: Gateway to Hong Kong's port* (Hong Kong: Bonham Media, c2010), p.11.

31 見《香港特區政府新聞公報》，2000 年 9 月 15 日，〈昂船洲大橋：香港極富挑戰性的基建工程〉條。

32 香港建築物包括香港國際機場和昂坪 360 登山纜車。

33 公務員事務局：《公務一派專欄》，http://www.csb.gov.hk/tc_chi/feature/994.html（瀏覽日期：2013 年 12 月 20 日）。

34 同上。

35 同上。

36 同上。

37 同上。

38 許志豪、黃劍波：〈昂船洲大橋：耐久性、維修和安全考慮〉（未刊稿，中國土木工程學會橋樑及結構工程分會，2008 年 8 月 12 日），頁 4。

39 2008 年 7 月 7 日，路政署新聞及公共關係組致函《東方日報》信件。

40 許志豪、黃劍波：〈昂船洲大橋：耐久性、維修和安全考慮〉，頁 4。

41 Rory O'Gardy & Jackey K. M. Kong, *Stonecutters Bridge: gateway to Hong Kong's port*, p.12.

42 Ibid, p.11.

結語：島嶼研究

　　站在香港大學百周年校園逸夫教學樓，望向維多利亞港，彼岸的昂船洲盡入眼簾。繁忙的海港，襯托着島上的寧靜，兩者的對比相映成趣。

　　歷史發展具有相當大的程度是由地理決定，在時間與空間相互交織下，人們選擇在合適的地方棲息生活，聚落逐漸發展成市鎮。川流不息的交匯，伴隨着的是人口增長及經濟發展，地貌空間亦因此改變。為了增加土地的供應，人們移山填海，香港部分原有島嶼亦因此而消失，最顯著的例子，包括青衣島外的牙鷹洲、銅鑼灣外的奇力島、土瓜灣對出海面的海心島，以至清水灣半島以南的佛堂洲皆在不同時期與大陸相連起來而消失，現已難以窺其舊貌。

　　位於九龍半島西面的昂船洲，原為一個外島，優良的地質令它成為石匠的採石場。過往因其地理位置使其發展步伐緩慢，功能上的單一性，卻使其原生面貌得以保留。在時代巨輪驅使下，昂船洲在 19 世紀中葉開始產

生變化，其面貌亦從此披上了神秘面紗。

英國管治港九兩地時期，昂船洲曾是粵港兩地的邊界，其要塞因素使昂船洲成為了軍事禁區，它的命運亦從此改變了。一個多世紀以來，昂船洲與主流社會發展走着不同的路，島嶼發展亦變得不一樣。踏入千禧年代，隨着香港的發展，經填海與九龍半島接壤後，昂船洲的島嶼形體已不復見，但新的發展，卻為昂船洲帶來新的活力，添上新的姿采。

「活力」一詞具有生命力。當中的「活」，不論是生活、幹活或是樂活，「活」可令一個地方變得不一樣。觀其歷史，昂船洲既是一個社會的縮影，亦是國際關係紐結的一個大舞台。曾經駐守昂船洲的軍人和家眷，島上的生活，可能只是一些「日常瑣碎」和「不顯眼的」事物，卻為這群旅人留下人生美好的回憶。二次大戰前後的「諜戰」為該島披上「撲朔迷離」的元素，而相關的人物，活在隱秘戰線的時空裡，刺探着敵人的虛實。「諜戰」亦將香港放置在全球化的空間下，自地理位置審視香港在環球軍事戰略上的價值。戰後的復原，及至後來大型公共設施的興建，使島嶼與大陸相連，為昂船洲帶來新的機遇。

人改變，地域隨之改變。歲月荏苒，昂船洲的景和物已不同，人面也非。站在人與時間之際，島上的建築物有着歷史上的使命，不論是曾悍衛香港海岸的炮台，或是渠務署的污水處理廠等基建設施，以至日夜不息的貨櫃碼頭，它們都以不同方式為香港出一分力，務求使這片土地成為一個宜居的地方。

香港的故事，不只是一個城市故事。香港約有二百六十多個大小不同的島嶼，地貌的改變和人類的影響，使各個島嶼有着不同的過去。除了耳熟能詳的幾個大型島嶼外，一些小島亦有其值得研究之處。橫瀾島在航海歷史上的角色，早期蒲台島的漁業，或是喜靈洲的醫療和懲教服務，以上種種皆可豐富香港的地區史研究。昂船洲的研究，只是島嶼研究的一個開端，往後發展，有歷史繼承、有革新前衛才能收百花齊放之效。

參考書目

中文書籍

李彭廣：《管治香港：英國解密檔案的啟示》（香港：牛
　　津大學出版社，2012）。

周奕：《香港英雄兒女》（香港：利文出版社，2004）。

邱逸、葉德平、劉嘉雯：《圍城苦戰：保衛香港十八天》
　　（香港：中華書局，2013）。

香港里斯本丸協會：《戰地軍魂：香港英軍服務團絕密戰
　　記》（香港：画素社，2009）。

孫曉青，陶克編著：《全球聚焦 36 小時：駐港部隊隨軍
　　記者現場寫眞錄》（西安：陝西人民出版社，1998）。

馬冠堯：《香港工程考 II：三十一條以工程師命名的街道》
　　（香港：三聯書店，2014）。

高添強：《香港戰地指南》（香港：三聯書店，1995）。

高添強：《野外戰地遺跡》（香港：天地圖書、郊野公園
　　之友會，2001）。

高添強、唐卓敏：《圖說香港日佔時期》（香港：三聯書

店，1995）。

陳君葆著、謝榮滾主編：《陳君葆日記（下）》（香港：
　　商務印書館，1999）。

新華社解放軍分社、新華出版社編著：《中國人民解放軍
　　駐香港部隊寫真》（北京：新華出版社，1997）。

葉曉祥：《國境極南》（台北：大旗出版社，2011）。

劉振華：《香港填海史略》（香港：香港大學，1961）。

潘淑華、黃永豪：《閒暇、海濱與海浴：香江游泳史》（香
　　港：三聯書店，2014）。

戴望舒：《戴望舒精選集》（北京：北京燕山出版社，
　　2011）。

鍾堅：《台灣航空決戰》（台北：麥田出版有限公司，
　　1996）。

鄺智文：《老兵不死：香港華籍英兵》（香港：三聯書店，
　　2014）。

鄺智文、蔡耀倫：《孤獨前哨：太平洋戰爭中的香港戰
　　役》（香港：天地圖書，2013）。

中文論文

朱德蘭：〈從日本軍方檔案看日軍占領香港及破獲諜報組
　　織之經過〉，載中華檔案暨資訊微縮管理學會編：
　　《1996年海峽兩岸檔案暨微縮學術交流會論文集》
　　（台北：國史館，1996）。

耿守玄：〈國民黨成立之經過〉，載徐朝鑒主編：《文史
　　資料存稿選編》（北京：中國文史出版社，2002）。

袁庚:〈東江縱隊與盟軍的情報合作及港九大隊的撤
　　出〉,載陳敬堂、邱小金、陳家亮編:《香港抗戰:
　　東江縱隊港九獨立大隊論文集》(香港:康樂及文化
　　事務署,2004)。

許志豪、黃劍波:〈昂船洲大橋:耐久性、維修和安全考
　　慮〉(未刊稿,中國土木工程學會橋樑及結構工程分
　　會,2008 年 8 月 12 日)。

黃魯:〈一個人的紀念〉,載陳智德主編:《香港文學大
　　系:散文卷二》(香港:商務印書館,2014)。

羅雅駿:〈《杯酒留痕》:啤酒泡沫裏的友情〉,載尹德
　　成、羅雅駿、林澤榮合編:《光影中的人生與哲學》
　　(香港:三聯書店,2014)。

日文書籍

佐々淳行:《香港領事・佐々淳行》(東京:文藝春秋,
　　2004)。

兵頭二十八:《兵頭二十八軍学塾・近代未満の軍人た
　　ち》(東京:光人社,2009)。

防衛研修所戰史室:《香港・長沙作戰》(東京:朝雲新
　　聞社,1971)。

宝島編集部:《太平洋戰争秘録・勇壮!日本陸軍指揮官
　　列伝》(東京:宝島社,2009)。

岩井忠熊:《陸軍・秘密情報機関の男》(東京:新日本
　　出版社,2005)。

松浦行真:《人間・水野成夫》(東京:サンケイ新聞社

出版局，1973）。

香港海軍会：《香港海軍の年譜》（東京：香港海軍會，
　　平成元年）。

姫田光義編：《重慶中国国民党在港秘密機関検挙状況》
　　（東京：不二出版社，1988）。

英文書籍

*A Record of the Actions of the Hong Kong Volunteer Defence
Force Corps in the Battle for Hong Kong December, 1941*
(Hong Kong: Lawspeed, 1989), p.12.

Aldrich, Richard J., *Intelligence and the War against Japan:
Britain, American and Politics of Secret Service* (Cambridge:
Cambridge University Press, 2000).

Aldrich,Richard J. & Hopkins,Michael F. (ed.), *Intelligence,
Defence and Diplomacy: British Policy in the Post-war World*
(Portland, Oregon: Frank Cass, 1994).

Best, Antony, *Britain, Japan and Pearl Harbour: Avoiding War
in East Asia, 1936-1941* (London: Routledge & London
School of Economics, 1995).

Bryden, John, *Best-Kept Secret: Canadian Secret Intelligence
in the Second World War* (Toronto: Ontario Lester
Publishing, 1993).

Cohen, Jerome B., *Japan's Economy in War and Reconstruction*
(Minneapolis: University of Minnesota Press, 1949).

Collingwood-Selby, Henry, *In Time of War: Lt. Cmdr. Henry*

C.S. Collingwood-Selby, R.N. (1898-1992) and others (Hong Kong: Proverse Hong Kong, 2013).

Craig, Neil & Jo, Black Watch, Red Dawn: the Hong Kong Handover to China (London: Brassey's, 1998).

Craven, Wesley F. & Cate, James L. (ed.), The Army Air Force in World War II, Volume V (Chicago: University of Chicago Press, 1983).

Dickson, Keith D., World War II Almanac, Volume 1 (New York: Infobase Publishing, 2008).

Drea, Edward J., MacArthur's ULTRA (Kansas: Kansas University Press, 1992).

Elphick' Peter, Far Eastern File: The Intelligence War in the Far East 1930-1945 (Hodder and Stoughton: Coronet Books, 1997).

Farwell, Byron, The Gurkhas (London: W. W. Norton &Company Ltd., 1984).

Greenhous, Brereton, "C" Force to Hong Kong: A Canadian Catastrophe 1941-1945 (Toronto, Buffalo, NY: Dundurn Press, 1997).

Gibson, Clare, Army Childhood (Oxford: Shire Publications, 2012).

Horne, Gerald, Race War: White Supremacy and the Japanese Attack on the British Empire (New York: New York University Press, 2004).

Horner, D. M., High Command: Australia and Allied Strategy, 1939-1945 (Canberra: Australian War Memorial, 1982).

Johnson, Wayne G., *Whitney: From Farm Kid to Flying Tiger to Attorney* (Minneapolis: Langdon Street Press, 2011).

Kennedy, Greg (ed.), *British Naval Strategy East of Suez, 1900-2000* (London: Frank Cass, 2005).

Lawley, M. R., ed., *HMS Dido* (Sussex: Chichester Press Ltd., n.d.).

MacLaren, Roy, *Canadians Behind Enemy Lines 1939-1945* (Vancouver: UBC Press, 2004).

Matthews, Clifford & Cheng, Oswald (eds.), *Dispersal and Renewal: Hong Kong University During the War Years* (Hong Kong: Hong Kong University Press, 1998).

McLaughlin, Dennis & McLaughlin, Leslie, *Fighting for Canada* (Ottawa: Minister of National Defence Canada, 2003).

Melson, Commodore P J. ed., *White Ensign – Red Dragon: The History of the Royal Navy in Hong Kong 1841 – 1997* (Hong Kong: Edinburgh Financial Publishing [Asia] Ltd., 1997).

O'Gardy, Rory & Kong, Jackey K. M., *Stonecutters Bridge : gateway to Hong Kong's port* (Hong Kong: Bonham Media, c2010).

Prados, John, *Combined Fleet Decoded: The Secret History of American Intelligence and the Japanese Navy in World War II* (New York: Random House, 1995).

Richardson, S. S., *The Royal Marines and Hong Kong 1840-1997* (Southsea: Royal Marines Historical Society,

1997).

Ride, Edwin, *BAAG: Hong Kong Resistance 1942-1945* (Hong Kong: Oxford University Press, 1981).

Rollo, Denis, *The Guns and Gunners of Hong Kong* (Hong Kong: The Gunners' Roll of Hong Kong, 1991).

Rusbridger, James & Nave, Eric, *Betrayal at Pearl Harbour* (New York: Touchstone, 1992).

Selwyn-Clarke, Selwyn, *Footprints* (Hong Kong: Sino-American Publishing Co., 1975).

Stripp,Alan, *Codebreaker in the Far East* (London: Frank Cass, 1989).

Smith, I. C. & West, Nigel, *Historical Dictionary of Chinese Intelligence* (Lanham, Md.: Scarecrow Press, 2012).

West, Nigel, *Historical Dictionary of Signals Intelligence* (Lanham, Md.: Scarecrow Press, 2012).

Wings Over Hong Kong (Hong Kong: Odyssey, c1988).

Wilford, Timothy, *Canada's Road to the Pacific War* (Vancouver: UBC Press, 2011).

Worth Jr.,Roland H., *Secret Allies in the Pacific: Covert Intelligence and Code-Breaking Prior to the Attack on Pearl Harbour* (Jefferson, N.C.: McFarland, 2001).

Wright-Nooth, George and Adkin, Mark, *Prisoner of the Turnip Heads: The Fall of Hong Kong and Imprisonment by the Japanese* (London: Cassell, 1999).

英文論文

Mahnken, Thomas A., "Gazing at the sun: The office of naval intelligence and Japanese naval innovation, 1918—1941", *Intelligence and National Security*, Vol. 11, Issue 3 (1996).

Reist,Katherine K., "Book Review - Mandarin Blue: RAF Chinese Linguists, 1951-1962, in the Cold War", *The Journal of Military History*, Vol.74, No, 1 (January 2010).

Straczek,Jozef, "The Empire is Listening: Naval Signals Intelligence in the Far East to 1942", *Journal of the Australian War Memorial*, Vol. 35, (December 2001).

畢業論文

劉阿榮：〈我們共同的命運—族群、記憶與國家認同〉（未刊稿，元智大學社會系）。

Chow,Ka Kin Kelvin. "A Study of the Social Status of the Canadian Chinese during the Mid-Twentieth Century" (unpublished MPhil Thesis, University of Hong Kong, 2008).

香港立法機關文件

立法局：《工務小組委員會討論文件：總目 703 － 建築物，政府辦事處－政府內部服務，62KA- 在昂船洲

政府船塢提供永久設施》，1997 年 6 月 4 日。檔號：
　　PWSC(97-98)34。

立法會：《財務委員會：人事編制小組委員會討論文
　　件》，2004 年 4 月 28 日。檔號：EC(2004-05)5。

立法會：《財務委員會討論文件：總目 31－香港海關，分
　　目 603 機器、車輛及設備，新項目「更換 3 艘區域
　　巡邏艇」》，2007 年 5 月 25 日。檔號：FCR(2007-
　　08)12。

立法會資料研究部：民解放軍駐港部隊》（香港：立法會
　　資料研究部，2004）。

立法會環境事務委員會規劃地政及工程事務委員會：〈策
　　略性污水排放計劃第一期隧道工程進展〉，1999 年 2
　　月 5 日。

香港特別行政區政府文書及刊物

《中華人民共和國香港特別行政區基本法》（香港：香港
　　特別行政區政府政制及內地事務局，2012）。

公務員事務局：《公務一派專欄》。

拓展署：《二零零一至零二年度資源增值計劃》（香港：
　　拓展署，2002）。

城市規劃委員會：〈說明書〉，載《昂船洲分區計劃大綱
　　核准圖編號 S/SC/4》，2000 年 6 月。

城市規劃委員會：〈說明書〉，載《昂船洲分區計劃大綱
　　核准圖編號 S/SC/6》，2002 年 10 月。

政府總部保安局緊急事故支援組：《打撈失事飛機應變計

劃》（香港：香港特別行政區政府，2002 年 11 月）。

香港海關：《香港海關年刊 2012》。

香港消防處：《精英專訊》。

《香港特區政府新聞公報》。

海事處：《香港海事通訊》。

海事處：《海事處政府船塢簡介》。

規劃署：〈說明書〉，載《昂船洲分區計劃大綱草圖第 S/ SC/1》，1990 年 2 月。

Hong Kong Administrative Report, 1938.

檔案

ADB Conversations, 27 April 1941, in United States, 79th Congress, Hearings before the Joint Committee on the Investigation of the Pearl Harbour Attack, 39 pts. (Washington, DC: US Government Printing Office, 1946), pt. 15.

Australia Archives, Condition in Hong Kong, Canton& Macao under Japanese Administration (Series: A3269/1 Item: W1).

Australian War Memorial, Lindsay Ride Papers (Series 10 Folder 16).

Australian War Memorial, Lindsay Ride Papers (Series 2 Folder 32).

Australia War Memorial, Communications BetweenHongkong and Canton (AWM54 627/6/1).

Battle Progress Report of 228 Japanese Inf. Regt., Hong Kong (Narrative by Col. Doi) Also statement by Gen. Shoji.

CRS A816, Correspondence Files, Multiple Number System (Class 301), (Classified), 1935-1957.

E. M. Ride, "Headquarter, Kukong", *B.A.A.G. Series*, Vol. III, (199?).

E. M. Ride, "Field Intelligence and Contact with the Captives", *B.A.A.G. Series*, Vol. VI, (199?).

Memorandum, Naval Staff to Mr. Douglas Menzies, 12 November 1941, CRS A816, item 43/302/18.Defence Committee Minute, 169/1941. 28 November 1941.

報刊、雜誌

《文匯報》

《華僑日報》

《國策研究會週報》

China Mail

Fortlet.

Hong Kong Daily Press

Hong Kong Military History Notes.

New Statesman

Post Magazine

The New York Times

錄像

Leung, Danny, Executive Producer. " Eye on Stonecutters Island." *Eye on Hong Kong* (Hong Kong: TVB, 1992).

網頁

阿部ブログ:《香港攻略作戦に伴う瀬島龍三の潜入偵察と興和機関による情報工作》(瀏覽日期:2013 年 3 月 20 日)。

AusPostalHistory, Trial Bay, South West Rocks Detention Barracks 1914-1918 [Germany] (瀏覽日期:2014 年 3 月 22 日).

Warwick University, Political & International Studies, Little Sai Wan passes from RAF control to GCHQ (瀏覽日期:2013 年 1 月 9 日).

Warwick University, Political & International Studies, Little Sai Wan passes from RAF control to GCHQ (瀏覽日期:2013 年 1 月 9 日).

Asia Times, Spook Mountain: How US spies on China (瀏覽日期:2013 年 1 月 9 日).

Forces Reunited, 415 Maritime troop Stonecutters HK. in 1975 (瀏覽日期:2013 年 3 月 25 日).

The British Army, Military Corrective Training Centre (MCTC) (瀏覽日期:2012 年 9 月 4 日).

Stonecutters Island — 2005-2013, Stonecutters Island (瀏

覽日期：2013 年 1 月 17 日).

Stonecutters Island Forum（瀏覽日期：2014 年 10 月 13 日）.

中國建築國際集團有限公司：《昂船洲海軍基地》（瀏覽日期：2014 年 10 月 2 日）。

八一軍事：《中國 056 型護衛艦進駐香港・堅決打擊反恐行動》（瀏覽日期：2014 年 9 月 30 日）。

上海打撈局蕪湖潛水裝備廠：《我廠組織工程技術人員參觀香港消防處潛水基地》（瀏覽日期：2014 年 3 月 6 日）。

華人百科：《華盛頓海軍條約》，https://www.itsfun.com.tw/ 華盛頓海軍條約（瀏覽日期：2017 年 11 月 7 日）。

細味香江系列

主　　編　　游子安　張瑞威

責任編輯　　梁偉基
書籍設計　　任媛媛

書　　名　　**昂船光影：從石匠島到軍事重地**
著　　者　　劉潤和　周家建　高添強
出　　版　　三聯書店（香港）有限公司
　　　　　　香港北角英皇道 499 號北角工業大廈 20 樓
　　　　　　Joint Publishing (H.K.) Co., Ltd.
　　　　　　20/F., North Point Industrial Building,
　　　　　　499 King's Road, North Point, Hong Kong
香港發行　　香港聯合書刊物流有限公司
　　　　　　香港新界大埔汀麗路 36 號 3 字樓
印　　刷　　美雅印刷製本有限公司
　　　　　　香港九龍觀塘榮業街 6 號 4 樓 A 室
版　　次　　2019 年 7 月香港第一版第一次印刷
規　　格　　大 32 開（142 × 210 mm）216 面
國際書號　　ISBN 978-962-04-4506-4